クラスを最高の笑顔にする！

学級経営
365日

高学年
編

赤坂真二・岡田順子 著

困った時の突破術

JN021584

明治図書

# シリーズ発刊に寄せて

　この本を手に取った方は，おそらく次のどちらかでしょう。

　○今現在，学級経営に困っていることがある。

　○もっと，学級を良くしたいと思っているが，具体的な方法がわからない。

　本書は，そんな２つの願いをどちらも叶えます。

　私は，上越教育大学という教員養成を行う大学の教職大学院で，これから教壇に立つ教師を育てることと現職教員の能力の再開発にかかわる一方で，全国の自治体や研究会からご依頼をいただき，各地で教員研修を担当させていただいています。

　ある講座の後，一人の参加者の方から声をかけられました。

　「私たちの学校は，子どもたちの学習意欲の向上，全員参加ができる授業づくりを目指して，これまで発問や指示，課題提示の工夫に取り組んできました。

　しかし，近年，授業に入ってこられない子，ついてこられない子が確実に増えてきています。今日の先生の講座をお聞きして，その原因がわかりました。つまり，そういうことだったのですね」

　その方は，ある学校の管理職の先生でした。そちらの学校では，学力向上のねらいの下に，ずっと授業改善をテーマに校内研修を進めてきたそうです。しかし，それにもかかわらず，ここ数年，授業に参加できない子どもたちが確実に増えてきており，魅力的な教材，ネタを用意して，発問や指示を工夫しても，目に見える成果が現れなかったと言います。

　ここに横たわる問題は，何だったのでしょうか。

　そう，それが，学級経営の問題です。学級経営というと「ああ，学級づくりのことね」と思われるかもしれませんが，学級経営と学級づくりは，異なります。しかも，近年の学級づくりの在り方は，それこそ，ネタや活動への比重が高まってきて，その本来の在り方を見失っているように思います。先ほどの話を思い出してください。授業においては，ネタや発問や指示の工夫，

つまり，活動の工夫では，子どもたちを引きつけられなくなっているということが起こってきているのです。それは，学級づくりにおいても同じことが言えるわけです。つまり，ネタや活動だけでは，学級をまとめていくことは難しい状況になっているのです。

　本書における学級経営とは，ネタや活動の羅列のことを意味しているのではありません。学習の場としての質的向上をねらった環境設計のことです。「主体的・対話的で深い学び」の実現をしようとしてみてください。不安定な人間関係の中，安心感の保障されない場所で，子どもたちはやる気になるでしょうか。そんな環境で「話し合ってごらん」と言われて，話し合いをするでしょうか。また，それぞれの気付きをつなげたり補完したりしながら，自分だけではわからなかったことに気付くでしょうか。「主体的・対話的で深い学び」は，学習環境の質に大きく依存しているのです。

　本シリーズは，実際に学級経営で起こる問題場面を想定しながらＱ＆Ａ形式で，具体的に学級経営の考え方と方法論を示しています。もし，ご自分のクラスで困ったことがあったら，似たようなＱを探してみてください。解決のヒントが見つかることでしょう。またもし，特に困ったことがない場合は，最初から通してお読みください。そこに示されたＱが，学級経営の急所となっています。そこに気をつけることで，陥りがちな危機を避けながらクラスを育てることができます。つまり，本書は，学級経営において，困っているときの「治療法」として，また，危ない場面を避けるための「予防法」として，そして，クラスを育てるための「育成法」として，３つの使い方ができる画期的な書なのです。

　執筆を担当したのは，私のほか，私とともに学級経営の研究を進めてきた３人の実力者（低学年：北森恵，中学年：畠山明大，高学年：岡田順子）です。「この人たちの実践を世に出さないことは罪だ」，そんな強い思いに駆られて執筆を依頼しました。本シリーズが，みなさんの学級経営の強力なサポーターとして役立つことを確信しています。

　2020年２月

赤坂　真二

# はじめに

　「教師という仕事は，忙しくて大変だと思うかもしれないが，退屈でつまらないということはない。つまらない仕事なら，続けられなかっただろう」

　私が新採用1年目にお世話になった，校長先生のお言葉です。当時は，そんなものかなと思ったこの言葉を今は本当にその通りだと感じ，若い先生に話す機会があると紹介しています。

　この言葉は，裏を返せば「どんなに忙しくても，面白くて続けてしまった」ということだと思います。しかし，日々の課題が山積し，解決に行き詰まっているときは，忙しさや大変さでいっぱいになり，面白さを感じる余裕がなくなってしまいます。

　私もそうでした。新採用の学校では，毎日へとへとに疲れ，教室に行きたくない日もありました。2年生の担任をしていましたが，教室はうるさくて私も大きな声で注意を繰り返しました。大きな声で指示を出し，喉が枯れてしまったこともありました。

　そして私は，慕っていた素敵な音楽の先生に「いつも怒ってばかりです」と愚痴をこぼしました。するとその先生は，私にこう言いました。

　「怒ればいいじゃない，まだ技術がないんだから。怒らないよりいいよ」

　笑顔で言われたこの言葉は衝撃でした。「そうか，怒って子どもを動かすのは，教育技術がないということなのか！」私はそう思いました。今の私を形作るエンジンとなるような言葉でした。

　それから私は，他の先生がどうやって子どもを動かしているのか観察しました。その音楽の先生は，私にアドバイスをくれたときと同様に，笑顔でしたが子どもに届く言葉をもっていました。怒鳴るようなことはなくとも，子どもが真剣になる緊張感のある空気を作るのも素晴らしく上手でした。そして，緊張感がありながら，その先生の指導は楽しかったのです。

　そんな指導ができるようになりたいと思いました。そこから，私の試行錯

誤の毎日が始まりました。

　他の先生の話し方を聞いて，まったく同じように学級で話をしてみたり，他の先生がやっていた教材を同じように使ってみたり，憧れの先生の立ち振る舞いを真似してみたり。体育館でトラブルのあった子どもたちに指導している先生の様子を，体育館のギャラリーからずっと見ていたこともありました。観察しては真似して試し，観察しては試し……。

　そうしているうちに，急に何かを掴んだのです。少しずつ階段を上がっていくというよりも，何かが自分のものになるというときは，不思議と急に訪れます。いえ，本当は少しずつ掴んでいったのかもしれませんが，感覚としてはマイナスがプラスに転じる感覚，何かを打破するときが来るのです。

　一度その感覚を掴んだら，トラブルの対応に追われる毎日から，自分のしたいことができる日々に変わっていくような気がします。どんなトラブルが起こるか予想して，準備ができるようになります。トラブルさえも，子どもたちの成長に必要な課題だと思える余裕が出てくるのです。

　この本を手にした先生は，もしかしたらそんな日々の課題を何とか打破したいと感じて書店に足を運んだのかもしれません。目の前の子どもたちを何とか笑顔にしたいと願ってページをめくったのかもしれません。

　そんな先生方にはぜひ，身近な先生を真似することに加え，ここに載っている70の突破術を試してみてほしいと思います。すぐにプラスに転じるとは限りません。先生の個性も，子どもたちの個性も違う中，100％通用するhow-toはないからです。ですが，いろいろな実践を試していくうち，先生の個性とミックスされて，素晴らしい成功例が一つ，また一つと見つかっていくことは100％確実です。

　これを手にした先生方と，その目の前にいる子どもたちが，葛藤し成長し，最後には最高の笑顔になれることを心より願っています。

　2020年2月

岡田　順子

# contents

**第3章**
**6〜7月**
**ピンチはチャンス！**
**トラブルを乗り越えて集団は成長する**

第 **4** 章
9〜10月
## 多忙感と充実感の分かれ道！　体の前に心を動かす

# 第**1**章

## 学級経営の
## 基礎・基本と
## 高学年の学級経営

# 1 | 学級経営の鉄則

## 1 授業成立の十分条件

　機能的な集団をつくるための条件があります。学級が機能していない（例えば，学級崩壊のような）状態では，あなたが楽しい授業，魅力的な活動をしようとしても，それは通用しません。あなたがやろうとしていることは，あなたにとって楽しい授業であり，あなたにとって魅力的な活動であるかもしれませんが，子どもにとっては必ずしもそうであるとは限らないからです。これまでの学校教育は，良い授業の実現に関して，教師目線で実践が進められてきたところがあります。つまり，教師が良いと考える授業が良い授業とされてきたのです。

　もちろん，あなたが良いだろうと思った授業，うまくいくだろうと思った活動をしたときに，それらがヒットすることもあるでしょう。確かに，あなたが教材や指導法を工夫したからであることは間違いないでしょう。しかし，あなたがそれらの工夫をすれば，いつも指導効果の高い授業が実現するのでしょうか。そんなことは，ありません。あなたの工夫は必要条件かもしれませんが，十分条件ではないのです。

　授業の成功においては，子どもたちが，授業に対して「やる気になっている」ことが求められます。つまり，子どもたちの意欲が十分条件です。

## 2 学びの3要素

　元文部科学省教科調査官，安野功氏は，下図のようなモデルを示して，学力向上の秘訣を説明しています[1]。安野氏は，学びの要素を「学習意欲」「学習の質」「学習の量」とし，これが「積の関係」にあり，この立体の体積が大きければ，学力向上へ進むと言います[2]。この図では，良質，適量の学習も，意欲のない子には入っていかないことがうまく表現されています。積の関係なので，どれか一つでも0に近づくと，総量は，限りなく0に近づいていきます。実際の教室では，教師は，教科書の内容に準拠した授業を規定時間行っているわけですから，量と質は，ある程度担保されていることでしょう。したがって問題となるのは，意欲の部分です。

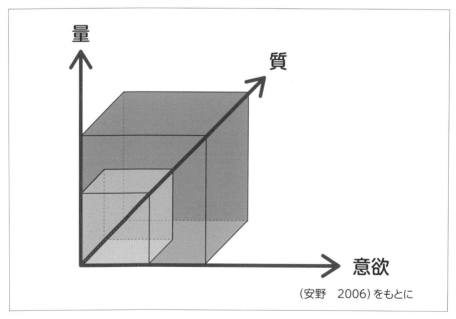

（安野　2006）をもとに

図1　学びの3要素（安野，2006をもとに）

多くの教室では，質の保証された規定量の授業はなされていても，意欲の部分にばらつきがあるのではないでしょうか。子どもが，学力をつけるのは，授業ではありません。学習によってです。授業とは，教師が行うことであり，学習をするのは子どもたちです。もし，あなたのクラスの子どもたちに学力がついていないとしたら，あなたは授業をしているかもしれませんが，クラスの子どもたちは学習をしていないと考えられます。つまり，

> **あなたの「授業」を「学習」に転移させるのは，子どもたちの学習意欲**

なのです。

　では，どうしたら，子どもたちの学習意欲は高まるのでしょうか。子どもたちのやる気が出ないのは，子どもたちの「適応の結果」です。やる気が出る，出ないには，ちゃんとした理由があり，それは心の仕組みと関係しています。奈須正裕氏は，「カギは，あなたがおかれてきた環境と，それをあなたがどう解釈してきたかにあります。意欲が出ないような環境におき続けられ，あるいは意欲が出ないようなものの考え方をしてきたから意欲がでないのであって，それ自体はきわめて理にかなった，つまり合理的なできごと」だと説明します[*3]。

　つまり，最初から無気力な人など存在せず，やる気を出しても無駄だという環境で，やる気を出しても無駄だということを学んだ結果，やる気を失った状態になるということです。子どもたちのやる気の問題は，子どもたちの置かれた環境の問題なのです。子どもたちの置かれた環境，つまり，学校生活においては，学級の在り方，学級経営の問題ということになります。

　だから，学習意欲だけを単独で取り出して高めようとしても極めて難しいのです。意欲は，環境から生まれ出るものだからです。学習意欲を高めるためには，学習環境の在り方を整える必要があります。それでは，教育機能の高い学級はどのようにしてつくられるのでしょうか。

## **3** 学級の機能を高める手順

　一人一人の意欲が高い，機能の高い集団をつくるには手順があります。本書では，集団機能を高める詳細な説明は省きますが，おおよそ，下図のような段階があります。

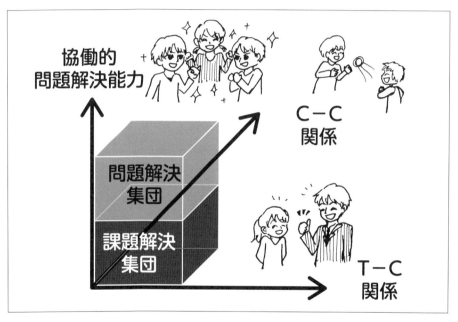

図2　学級の機能を高める手順

### （1）教師と子どもの信頼関係づくり

　学級集団は，教師と子ども一人一人の個別の信頼関係の積み重ねで形成されていきます。何をおいても，何があってもここを疎かにして学級集団は成り立ちません。嫌いな人が何を言っても，子どもたちには届きません。子どもたちが，教師を信頼していない状態で，教師が言うことを聞かせようとす

ると，子どもたちは反発して言うことを聞かないか，言うことを聞く代わりにやる気を失います。みなさんが，やりたくないことをやらざるを得ない心理状態を想像してみてください。容易に想像できるのではありませんか。信頼できる人が，「やってみよう」と言うから，子どもたちはやる気になるのです。

## （2）子ども同士の信頼関係づくり

　教師と子どもの間に信頼関係ができることで，クラスはかなり落ち着きます。しかし，それは学級経営のスタートラインに立ったに過ぎません。次は，メンバーの関係性を強化します。つまり，子ども同士の人間関係を形成していきます。子どもたちのことを考える前に，みなさんのいる職場を考えてみてください。職員室の関係が良かったら，みなさんの自由度は増しますよね。それが緊張状態だったらどうでしょう。おそらく，自由に発言はできないし，思ったことはやれませんよね。逆に，支持的な雰囲気があったらどうでしょう。あなたのやっていることを認めてくれて応援してくれる人が一定数いたら，あなたの自由度は相当に高まるのではないでしょうか。私たちが意欲的に過ごすためには，支持的風土が必要なのです。

　教師と一人一人の子どもの信頼関係，そして，子ども同士の人間関係がある程度できると，機能的な学級の「底面」ができます。

## （3）協働的問題解決能力の育成

　学級経営の目的は，仲良し集団になることではありません。仲が良いことは通り道です。仲が良いというのも誤解を招く表現かもしれません。正確には，協力的関係を築きます。協力的な関係がなぜ必要なのか。それは，協働的問題解決ができるようにするためです。協働的問題解決とは，他者と力を合わせて問題解決をすることです。

　学習指導要領で求める資質・能力の中核となる能力が協働的問題解決能力です*4。これから子どもたちが生きていく激動，激変の時代には，子ども

たちは絶え間なく問題解決，課題解決を繰り返しながら生きていくことになります。自分を生かし，他者を生かす。そんな生き方が，よりよい社会をつくり，幸せな人生を送るだろうと考えられているわけです\*5。

　これからの学級経営には，授業の土台という役割ばかりでなく，子どもたちが積極的で建設的な生き方を学ぶ環境としての役割が期待されているのではないでしょうか。

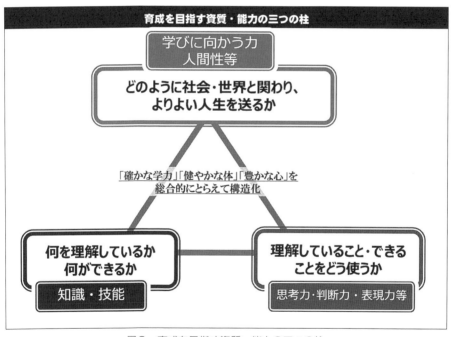

図3　育成を目指す資質・能力の三つの柱

中央教育審議会「幼稚園，小学校，中学校，高等学校及び特別支援学校の学習指導要領等の改善及び必要な方策等について（答申）補足資料」より

# 2 | 高学年という発達段階

## 1 難しいお年頃

　高学年担任の負担感の大きさには，いくつかの要因が考えられます。まず，授業時数や行事などが多いという業務そのものの量の問題が考えられます。それに加えて，低・中学年に比べて子どもたちの指導が難しいという要因が少なからずあるのではないでしょうか。

　この「指導の難しさ」と切っても切れない関係にあるのが，思春期の存在です。思春期とは，言うまでもなく，第二次性徴の現れる時期ですが，教師の間で思春期が語られるときは，体の変化よりも，それに伴う心の変化がフォーカスされることが多いようです。

　「背が伸びた」とか「ひげが生えた」のような体の変化に関する話は，子どもたちにとっては，歓迎すべきことであることもあれば，そうではないこともありますが，教師にとっては，大抵の場合，微笑ましい話です。しかし，心の変化については，「何を考えているかわからない」「いつもイライラしている」「気持ちが安定しない」など，担任としては悩ましいことが多くなるようです。

　思春期のかかわりの難しさはどのようなところに由来しているのでしょうか。ここから述べる話は，一般的な傾向です。５年生が一律にある日，思春期を迎えるわけがありません。３年生くらいから，思春期のような言動をす

る子もいれば，5年生になっても，無邪気で低学年のように振る舞う子もいます。体も心も発達は，十人十色ですから「人それぞれ」と言ってしまえばそれまでですが，それでは話が進みません。ばらつきがあることを前提に述べます。

　先ほども，「何を考えているかわからない」と言いましたが，大人から見ると，素直さがなくなるように見えます。「〜をしましょう」と言っても，低中学年の子どもだったら，「はい」と言って行動するところを，言い訳したり，聞こえないふりをしたりするようなこともあります。親や教師の言うことにいちいち反対し，大人の存在を否定するようなことを言うこともあります。また，非常に大人をよく見ていて，手厳しい批判をします。表現力もあるので，一番こちらが言われたくないようなことをズケズケ指摘するようなこともあります。

　しかし，一方で未熟なところもあり，見ていて危なっかしいところがあります。素っ気ない態度を取っていたかと思うと，ときどき妙に甘えてきたりします。感情の起伏も激しく，さっきまで仲間と声をあげて笑っていたのに，その数分後には涙を流しているようなこともあります。

　こうした状況の彼らを見ていると，その日常は実に忙しく，そして，「わけがわからない」ように思えます。では，彼ら自身が自分のそうした行動についてわかっているかというと，そうではないようです。彼らも，なぜ，自分がそんな感情をもち，そんな行動を取るのかはうまく説明できないようです。

　私のクラスにAさんという女子がいました。普段は，お笑いが好きな朗らかな子ですが，感情の起伏の激しいところがありました。放課後，友だちとある男子の噂話をしていたところ，盛り上がってきたところで突然，大きな声で，

　「○○（男子の名），死ね！　マジ死ね！」

と叫びました。偶然，その男子の親友が廊下を通り，その声を聞いてしまい，私の耳に入ることになりました。

事情を聞くためにＡさんを呼んで，理由を聞いたのですが，

　「わからない……」

と繰り返していました。それが嘘をついてごまかしている様子ではなく，真剣に困惑しているように見えました。そのときは，自分自身でもコントロールできない情動を感じていたのかもしれません。

　思春期の子どもたちは，急激な体の発達に心が追いつかず，心身にズレが生じるとはよく言われることですが，同時に心と行動もズレてしまうようです。Ａさんを見ているとそれをよく感じました。私から話しかけると面倒くさそうに，

　「はあ……？　なに！」

と言ったほんの少し後に，

　「ねえ，先生，先生，先生！」

と昨日見たテレビの話をしてくれたり，新しく覚えたモノマネを披露してくれたりしました。

　体と心のズレは，行動のズレとして表れ，アンバランスな日常をつくりあげるようです。

## 2　高学年担任のリーダーシップ

　では，このような「難しい年頃」の子どもたちの学級担任として，どのようなリーダーシップをとればいいのでしょうか。

　小学校の教師だった頃，何度か，学級崩壊した学級を担任することがありました。教師に反抗していた子どもたちがよく言っていたことが，「○○先生は，自分の言い分ばかり押しつける」「△△先生は，俺たちの話を聞いてくれなかった」ということです。

　10歳の壁を越え，認知力が飛躍的に向上すると，自分というものを意識するようになると言われます。それが反抗的な言動のもとになることもありま

すが，自分の意見をもち，自己決定して行動したいという欲求を高めるとも考えられます。自主性や積極性や能動的な態度が発達するのです。しかし，小学校4年生の後半から学級を崩す教師のなかには，こうした子どもたちの発達に伴うニーズを見誤り，低学年の子どもたちにするようなリーダーシップを取ってしまうことで学級を窮地に追い込んでしまう教師がいます。

　高学年の担任に求められるリーダーシップは

### 主体性の尊重

です。主体性とは，目的を見据えて判断して行動する力です。子どもたちは「自分たちで決めたい」のです。物事に取り組むときに，その目的や意味をしっかり伝えて，合意や納得を得て取り組ませることが求められます。だから，子どもたちが意思決定する時間を意図的に設定します。楽しい企画は勿論，ルールの決定を子どもたちの話し合いに委ねます。また，トラブルの解決も，教師の注意やお説教に頼るのではなく，

　「最近，クラスに人を傷付けるような言葉が増えているように感じますが，同じように思っている人はどれくらいいますか？　この問題を解決したいと思う人はどれくらいいますか？　この問題を解決するために何かいいアイディアはありませんか」

というように，子どもたちと生活改善のための行動プランを一緒に考えるようにしたらいいでしょう。

　また，主体性の尊重は，日常のやりとりでも大事にしたいものです。ほめるときにも叱るときにも納得が必要です。なぜ，ほめられたか，なぜ，叱られたか理解させるようにします。特に叱るときには，納得のいく理由を示すことが必要です。感情的に責めることはNGです。例えば，友だちに暴言を吐いてしまった子には，次のように言います。

　「そういうことを続けるとどうなると思う？　先生はね，あなたがみんなと仲が悪くなっちゃうんじゃないかと思うから，それが心配なんだよ」

　こうして，行為の結末を知らせ，善悪を考えさせた後に，教師の感情を伝

えます。感情はぶつけるのではなく，語るのです。

　その前提として，「どうして，あんなこと言ったの？」ではなく，「何があったの？」と問いかけたいです。「どうして」という声かけは，非難のニュアンスを含みます。一方，後者では，「あなたが悪口を言うのは，相当の理由があるはずだ」つまり，「あなたは何もなくて悪口を言う人ではない」という信頼を伝えることができます。

　ほんのちょっとしたことのように思えるかもしれませんが，子どもにとっては大きな違いです。主体性を尊重するということは，相手を信頼することです。人は信頼を向けられると信頼で応えようとします。信頼はキャッチボールのようなものです。教師と子どもの場合は，教師が先に信頼することで関係がつくられると心得た方がいいです。

# 3 | 高学年の学級経営の ポイント

　思春期は，子どもたちにとって自立のための重要な期間です。自立する力は，過干渉や放任では育ちません。自立を促すリーダーシップが必要です。子どもたちの将来を見据えて，どんな力をつけたらいいのか，そのために教師はどんなリーダーシップをとるべきなのかを考えることは，どんな発達段階でも必要なことではないでしょうか。そんな視点で，本書の実践を見てみましょう。

　岡田順子氏の実践も，本シリーズの低学年編（北森恵氏），中学年編（畠山明大氏）の実践と同じように，第一段階として，まず徹底して個別の信頼関係を築きます。それはより「主体性の尊重」が求められる高学年の指導においても，同じです。高学年の信頼関係づくりが，低学年，中学年と比べて少し難しいのは，軸足が，直接的なかかわりではないからです。低学年は，スキンシップなどを通して，それこそ子どもと直接に触れ合うことで信頼が築かれていきます。中学年は，一緒に遊んだり，おしゃべりをしたり，活動を通して触れ合います。しかし，高学年は，それらが全く必要ではないとは言いませんが，少し質が異なる信頼関係の築き方が求められます。

　高学年の子どもたちは，意味を求めます。意味のあることに意欲を高めます。低学年の子どもたちは，触れ合うこと，中学年の子どもたちは，共に活動することが教師とつながる意欲を高めます。高学年の子どもたちは，かかわる意味が見出せる教師とつながろうとします。

　では，どのような教師とつながろうとするのでしょうか。それは，自分に

関心を向け続ける教師です。だから，高学年の場合も，つながるためには，共に活動し，おしゃべりすることは大事なことですが，そのときに子どもたちに好意や関心を伝えることが大事です。そして，その好意や関心もパートタイムではダメです。伝え続けることが大事です。岡田氏の，その揺るぎない信念が，第2章「学級開きで何をする」（p.36）に示されています。

　岡田氏は，「学級を方向付ける仕掛け―芯となる価値観―」（p.37）で次のように言います。

---

- 先生はみんなが成長することを応援する。
- 先生は全員が大切。だから，人を傷付けることや自分を傷付けることをしたときは本気で止める。
- 学級をつくるのは自分たち。楽しい1年にするにはみんなの力が必要。
- この中に，関係ないという人は一人もいない。

---

　岡田氏は，学級開きでこれらを語ります。全員を大切に思っていること，全員が学級生活を一緒につくる協働のパートナーであること，全員が当事者であると思っていること，そして，自分は全員の応援者であること，岡田氏の力強くも愛情に満ちたメッセージが伝わってくるのではないでしょうか。高学年の学級経営は，こうした愛情というクッションで子どもたち全員を包み込んで，その中で自由度を高めるようにして学級経営をしていくわけです。岡田氏は，このビジョンを実現するために，子どもたち一人一人，そして，保護者と対話を繰り返していきます。

〔参考・引用文献〕
＊1　安野功『学力がグングン伸びる学級経営　チームが育てば選手は伸びる』日本標準，2006
＊2　前掲1
＊3　奈須正裕『やる気はどこから来るのか　意欲の心理学理論』北大路書房，2002
＊4　赤坂真二『資質・能力を育てる問題解決型学級経営』明治図書，2018
＊5　中央教育審議会「幼稚園，小学校，中学校，高等学校及び特別支援学校の学習指導要領等の改善及び必要な方策等について（答申）補足資料」平成28年12月21日

# 第2章

# 高学年が動き出す！環境・かかわり・システムの仕掛け

4〜5月

# 1 子どもが落ち着く教室環境とは

居場所をつくる

> **教室環境は学級づくりの最初の仕掛け。**
> **居心地のよさにはわけがある！**

## 困った場面

**Q** 管理職に教室を整備するように言われましたが，整理整頓も苦手だし，どんな教室にしたら子どもたちにとってよいのか，わかりません。掃除をしたり，安全に気を配るほかに，何かポイントはありますか。

**A** 日直で教室を回っていると，それぞれの教室に担任の先生や子どもたちの様子を感じ取ることができますよね。確かに，整理整頓が苦手なことが伝わってくる教室もありますし，子どもたちが荒れているのかな？と感じる教室があるのも事実です。

では，教室環境で子どもたちの気持ちを落ち着かせることはできるのでしょうか。答えはイエスです。子どもたちが毎日8時間近く過ごす教室です。どれだけ子どもの居場所をつくれるか，安心感をつくれるか，が大切です。

では，居場所づくりのポイントをチェックしていきましょう。

□個人で使う机，椅子，ロッカーなどが壊れていないか。

□個人で使う上記の場所に全員の名前が正しく記されているか。

□集まっておしゃべりするスペースがあるか。

□教室で遊ぶスペースがあるか。

□自由に使えるコーナーはあるか。

□気になるあの子の居場所はあるか。

□危険や乱れはないか。

一人一人を思い出し，教室での様子を思い描いてください。

**4〜5月**

**成功のポイント** 子どもが落ち着く教室環境づくり

## 個人の場所を保障する

これは絶対条件です。時間のない春休みでも、「名前が間違えている」「足りない」「自分の場所がいたんでいる」などがないように、チェックをしましょう。新しい慣れない教室で自分の場所と名前を見つけ「あった！」と言う子どもの顔を想像すれば、その大切さが分かります。

## 集まれる場所をつくる

子どもが見そうな掲示（給食だより・行事予定・委員会のお知らせなど）は学習関係の掲示とは分けてまとめて掲示し、その前のスペースを広く取ります。ここに余っている机と椅子を2個くらい置くと、子どもはそこに集まります。読んでほしい本やみんなの作文を置くと、喜んで見ます。ダンス好きの子どもが居たときには、ラジカセ前を広くしていたこともありました。教室で「たむろ」させるのです。

## 自由に使えるコーナーをつくる

自由に使える紙やペンを置くと喜んで使います。自由に使える掲示板をつくると、連絡や季節の掲示を子どもが工夫してつくり出します。教室の後ろの床にビニールテープで迷路をつくった子どももいました。自分たちでつくった場所は、不思議と汚さず大切に扱う子どもが多いです。

## 気になるあの子の居場所をつくる

高学年は心の不調で保健室に行く場合もありますが、私はできるだけ教室に居場所をつくります。一人で本を読んでいられるか。教卓の横に相談スペースはあるか。気になるあの子が落ち着く場所はどこか。個に応じた居場所は状況を見て臨機応変につくり直していくといいです。

**これで突破！**
- 個人の場所が保障され、集まれる場所があると安心感が生まれる
- 工夫できる場所や、逃げ場があると個性を受け入れることができる

# 2 子どもが動く教室環境にするには，動線が重要！

**スムーズに動く，自ら動く，かかわりが生まれる。
教師の指示が少なくて済む教室環境にできる！**

## 困った場面

**Q** 学級の子どもたちは何でも担任に聞いてからでないと動きません。進んで片付けもあまりできず乱雑なままです。係活動も活発になりません。放課後一人で掃除をしながら，子どもたちが自ら動く方法を考えています。

**A** 子どもたちが帰った後に，明日の準備として教室整備をする姿はよく見かけます。それは素晴らしいことですが，毎日この「先生ががんばって動く」ことの繰り返しでは改善は難しいですね。学級がとても荒れている訳ではないのに，教室が雑然とする理由はただ一つ，物の配置が「適材適所ではない」のです。さらに言うと，子どもたちが動きづらいのも，係活動を進んで行わないのも，「動きづらい」ことが原因かもしれません。教室環境の改善で，子どもの動きが変わったら，素晴らしいとは思いませんか？

では，まずは子どもの動きを思い出してみてください。イメージができるでしょうか。

・先生と話すときはどう動く？
・ロッカーには何を入れてあり，出し入れのタイミングはいつ？
・教室の中で見ている掲示は何？
・教室を出るときに見ている掲示は何？
・子どもが委員会や係活動で自由に使う道具は何で，どこにある？
・学級文庫を読みたい子は，どう動いてどこで読む？

子どもが動きやすい教室にも，ちゃんと理由があるのです。

**4〜5月**

### 成功のポイント✐ 子どもが動く教室環境づくりの例

#### 教卓の位置 ………………

　私は教室の前の入り口近くに教卓を置きます。これは，子どもが教室に入るとき，休み時間後に戻って来たとき，「おかえり。どこで遊んで来たの？」などの声を掛けやすいからです。また，子どもも「トイレに行きたい」など声を掛けるときに教室の奥まで言いに来なくて済むからです。さらに，廊下の様子をすぐに覗くことができるからです。

#### 個人のロッカーの中 ………………

　なんでも詰め込んではごちゃごちゃします。取り出す時間もかかります。ロッカーには辞書やつくりかけの作品などを入れていましたが，振り返りカード類は担任がまとめて保管，たまに使う習字道具などもまとめて別の棚に保管するなどしてロッカーには余裕をもたせるとよいです。

#### 掲示物の種類と場所 ………………

　給食当番表，時間割，委員会の当番など，子どもが予定を見て動くための掲示物は子どもが集まる見やすい位置にまとめて掲示します。教卓の後ろでは，子どもは自ら見て動きません。体育館の学年割り当てや，図書室のお知らせは，教室背面の出入り口側に掲示すると，見て移動していました。

#### 自由に使える道具の位置 ………………

　子どもが使えるように「使っていいよ」と箱に書き，空いているロッカーなど出しやすい場所に置きます。係のお知らせなどを好きに書いたり，掲示係が季節の掲示をつくったりしていました。逆に子どもに勝手に触らせたくない物は，教卓の後ろの棚や扉のある棚に保管します。

#### 学級文庫 ………………

　静かに読みたい子のために，人が集まるスペースと別の場所がいいです。人がたくさんいるから本を取りに行けないという子もいるのです。

> ✋**これで突破！**
> ・子どもの動きを考えて，意図的な配置にする

**3** 掲示板づくりは短時間で効果的に！

> どうせつくるなら子どもたちが見たくなる仕掛けを。
> 先が見通せて，歴史が残る掲示板に

### 困った場面

**Q** 教室や廊下にたくさん掲示板があって，何を掲示するか悩みます。春はまだ作品がないし，何も貼らないと殺風景なので，季節の飾りや，「進級おめでとう」と字を貼りますが，季節ごとの貼り換えが大変です。

**A** 掲示板づくりは，先生方が春休みに頭を悩ませる作業の一つですね。手をかけて色画用紙で飾りをつくるのは大変です。しかもこの可愛らしい飾りは，貼られっぱなしになり，そんなに子どもたちが意識して見ることはないのです。そして，ずっと同じ掲示にならないように，先生方も季節ごとに貼り換えますよね。それは大変な作業です。しかし，そんな大変さがまったくなく，子どもが繰り返し見に来る掲示板というものがあるのです。それはどんな掲示板でしょうか。

まず，「大変さ」を解決する方法として，1年間大きな貼り換えが必要ない掲示がよいです。高学年は年間行事がたくさんあるはずですので，「今年の行事」として日付と行事名を短冊に書き，1年分貼るだけでよいでしょう。行事ごとの貼り換えなど必要ありません。行事が終わったら短冊の下に思い出の写真を貼っていけばよいのです。さらに「子どもが見る」についてですが，年間予定が貼ってあることで子どもは見通しをもって動きます。掲示板を見ることが習慣になります。そして終わった行事の写真が貼り足されていくことで，自分たちの思い出や，成長の軌跡が残り，子どもも来校した保護者も繰り返し目をやる素敵な掲示板になるのです。

**成功のポイント** 子どもが動く掲示版づくり

## ストーリーのある掲示その1 ―年間予定を活用して―

　4月に年間行事予定を短冊にして掲示します。1度データをつくると，毎年日付を変えるだけで使えます。終わった行事の下には，写真を貼っていくと成長の軌跡が残ります。この掲示板があることで，子どもたちは春からの行事を振り返ったり，先の見通しを立てて行動したりすることができます。このような掲示板は，飽きて見なくなるということがありません。

## ストーリーのある掲示その2 ―子どもの目標や振り返り―

　4月に木の幹を掲示板の中央に貼ります。幹の周りには，木の葉の形の紙に子どもが目標や振り返りを書いて貼ります。葉の形に切って目標を書き，画鋲で貼ることは，子どもたちが自分でできます。季節に合わせて配る紙の色を薄緑から緑，黄色，と変えていくと掲示に季節感が出ます。たまに実の形や雪だるまの形が登場します。先生がやる作業は4月に幹をつくるだけです。

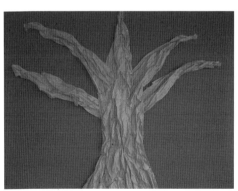

**これで突破！**

・予定や目標，振り返りを活用し，少ない作業で見たくなる掲示板に

## 4 子どもを迎える黒板で，期待と安心感を演出！

**緊張して登校する新学期，迎える黒板で，子どもたちに期待と安心感をもたせよう！**

### 困った場面

**Q** 新学期の黒板には，どんなことを書いておいたらいいのでしょうか。担任が発表される前なので，担任クイズや，担任の意気込みを書いている先生が多いようです。私は面白いネタもなく，困っています。

**A** 初日の黒板には，先生方の個性が出ていますね。最近では「黒板アート」のような絵を描いてびっくりさせる先生もいて，何かネタがほしいという気持ちになるかもしれません。ですが大切なのは，何を書くかではなく，

何の目的で書くか

です。

私は，これから始まる1年間に期待をもてることと，この学級で過ごしていく安心感をもてることが大切だと考えます。子どもが「楽しそうだな」「やっていけそうだな」と感じ，黒板を見ながらワイワイと朝の会話が生まれればよいのです。

簡単なものなら，先生が教室に入りみんなで答え合わせができる新しい学級にかかわるクイズがいいかもしれません。「このクラスで○○をしている人は何人いるでしょう？」「朝ごはんに納豆を食べた人は何人でしょう？」「特技は○○です。私は誰でしょう？」登校した子どもたちに会話が生まれますし，朝の学活で確かめながら答えを確認するのも楽しいです。

**成功のポイント** 子どもが動く初日の黒板づくり

**期待をもたせる仕掛け** ・・・・・・・・・・・・・・・・・・・・・・・・・・・・・・・・

　これから始まる１年間に期待をもたせましょう。今後の行事を書いておいてもいいですね。ただし，書き方は楽しくどの子も期待がもてる部分があることが大切です。例えばこんな内容はどうでしょうか。

> ☆これからこんなことが待っています☆
> ・１年生を迎える会　　かわいい１年生を喜ばせよう！
> ・運動会　　　　　　　最後の運動会，応援団にだれがなる？
> ・音楽会　　　　　　　会場を感動のうずに！
> ・陸上大会　　　　　　次のオリンピックを目指すのはだれだ？
> ・給食　　　　　　　　みんなで完食できたら，なんかいいことあるかも？
> ・学級イベント　　楽しい学級をみんなでつくっていこう！
> ☆みんなのアイデアとチャレンジを絶賛募集中！☆

**安心感をもたせる仕掛け** ・・・・・・・・・・・・・・・・・・・・・・・・・・・・・・・・

　新しい学級における安心感を生むのはなんといっても人間関係です。朝教室に入り，会話が生まれる仕掛けをつくれたら，学級はあたたかい雰囲気になります。

> ☆601クイズ　～朝学活で答え合わせをするよ～☆
> ①このクラスで１番背が高いのはだーれだ？
> ②今日１番早く起きた人，遅く起きた人はだーれだ？
> ③このクラスで名前の画数が１番多いのはだーれだ？

**これで突破！**

・予定や楽しさの演出で，これから始まる生活に期待をもたせる
・子ども同士の会話を生む仕掛けで，朝の教室の安心感をつくる

**1**

## 自己紹介で何を話す

担任となった喜びを話す

> **全校への挨拶とは別！　担任と子どもの出会いの場。
> 子どもに歩み寄り，子どもたちとつながろう！**

**困った場面**

**Q** 自己紹介が苦手です。転勤してきた先生が体育館で挨拶すると
き，みんな話が上手ですごいと感じます。どうすればインパク
トのある自己紹介ができるのでしょうか。

**A** 教室での自己紹介はインパクトがあればいいというわけではないかも
しれません。なぜなら，1年間担任する子どもたちとの出会いだから
です。面白い話をして笑わせるだけの時間ではもったいないと思います。実
際に，奇抜なことをして，高学年の子どもを困らせてしまった先生もいたよ
うです（例えば水泳が特技だから水着で登場など……）。

では，教室での自己紹介で大事なことは何かというと，子どもたちとつな
がることです。趣味や好きなことを話すのもいいですが，それに加え，この
クラスの担任としての思いを語ってほしいです。どこでもできる自己紹介で
なく，担任としての自己紹介なのです。具体的には，

・このクラスの担任になって嬉しいこと。
・クラスのみんなと一緒にどんなことをしていくのが楽しみか。

などを話すとよいでしょう。

子どもたちは「自分たちのことを考えてくれている」と感じ，親近感がわ
くと思います。

**成功のポイント**　高学年とつながる自己紹介

　クラスのメンバーを知っていようと知らなくとも，とにかくこのクラスの担任ができて幸せだという思いを伝えるのです。しかし嘘はいけません。上辺だけの言葉は見透かされてしまうでしょう。

　私は初日の全校朝会や始業式での子どもたちの様子を見ていて話すことが多いです。それは事実として言える子どもの姿だからです。例えばこのような話です。

> 　今日の朝会で，このクラスの方から大きな声で校歌の歌声が聞こえてきました。このクラスの担任になるんだな，と嬉しい気持ちでいっぱいでみんなを見ていました。
> 　みんなと一緒に音楽発表会をするのがすごく楽しみになりました。

　万が一，学級が荒れているなどで，態度が悪い様子であった場合でも，子どもたちは，自分たちを見てほしいと思っています。自分はあなたたちに興味があるということを全力で伝えてください。

> 　今日の朝会で，このクラスの一人一人の顔をよく見ていました。姿勢のいい子，元気そうな子，少し今日は体調が悪いのかなって思える子などがいました。今日からそんなみんなのことを心配したり，一緒に笑ったりしていくのが，楽しみでワクワクした気持ちになりました。
> 　一人一人にきっと好きなことや得意なことがあると思うので，それをたくさん見つけていくのが楽しみです。

**これで突破！**
・自己紹介では，このクラスの担任になった喜びを具体的に伝えよう！

## 2 学級開きで何をする

担任の価値観を伝える

**新学期スタート！**
**仲間づくり，学習，生活など様々な場面での芯となる価値観を伝えよう！**

### 困った場面

**Q** 新学期に「学級開き」というイベントを行う先生がいます。ゲームなどをして楽しんでいるように見えますが，どのように組織したらいいのでしょうか。また，どんな意味合いがあるのでしょうか。

**A** 「学級開き」は，新学期のスタートに少し改まって行う学級活動です。内容が決まっているわけではありません。担任が学級の向かう先を方向付け，エンジンを掛けるイベントと思えばいいです。ここで学級のみんなの意識が同じ方向を向き，エンジンが掛かれば，うまく前に進んでいくことができるでしょう。子どもたちは目指す先が分からないと道に迷います。一人一人ががんばっても向かう先がバラバラなら，クラスとしては前には進めません。そのような重要な意味をもつ会だと思います。

そこで，「学級開き」では，学習ルールのような細かい話ではなく，担任の芯となる価値観を伝えましょう。自分は何が嬉しくて何が許せないか，どんな願いをもっているか。学習でも休み時間でもいつでも学級に流れる基本姿勢です。それを伝えた後は，個人の目標や，学級目標に入れたいキーワードを書かせます。このように，全体への意識付けと，個でじっくり考える時間の設定が，子どもの意識を方向付けるポイントです。

その後は，仲間づくりゲームをしたり，年度はじめの集合写真を撮ったりして楽しい時間にするのがよいでしょう。真剣な時間だけでなく，楽しい時間を共有することで，楽しい学級というイメージでスタートが切れます。

**成功のポイント** 　高学年とつながる「学級開き」

**学級を方向付ける仕掛け ―プログラム例―** ・・・・・・・・・・・・・・・・・・・・・・・・・・・・・・・・・・・・・・・

　楽しいことが含まれる内容ですが，担任の話は姿勢を正して真剣に伝えます。その後，個人で考える時間をとることで，全員を意識付けていきます。

　①歌：昨年の発表会の曲など，子どもが好きな歌を歌います。

　②先生の話：真剣に担任の価値観を伝えます。

　③めあて決め：一人一人が自分の目標を考えます。

　④学級目標の話：入れたいキーワードや漢字を紙に書きます。

　⑤仲間づくりゲーム：仲良くなれるゲームをして楽しみます。

　⑥集合写真撮り：仲間としてのスタートです！

**学級を方向付ける仕掛け ―芯となる価値観―** ・・・・・・・・・・・・・・・・・・・・・・・・・・・・

　学級という集団生活において大切にしなければいけないこと，というのが学級をぶれさせないポイントだと思います。一人残らず全員が，この集団の大切なメンバーであることを伝えます。

---

　・先生はみんなが成長することを応援する。

　・先生は全員が大切。だから，人を傷付けることや自分を傷付けることをしたときは本気で止める。

　・学級をつくるのは自分たち。楽しい１年にするにはみんなの力が必要。

　・この中に，関係ないという人は一人もいない。

---

**これで突破！**

・先生の話では，芯となる価値観を子どもに伝える

・個の時間をとり，自分の目標を具体的にイメージさせる

・楽しくスタートを切れるよう，ゲームなどを入れる

**3** 朝の会で何を育てる

子ども同士のつながり・主体性

朝の会の運営は，最初の任された時間。
短い時間でも，毎朝の15分間は大きい！

**困った場面**

**Q** 高学年の担任になったとき，昨年までのやり方をそのままやってもらっていました。なんとなく健康観察と連絡をして終わっている感じです。子どもたちもざわざわして，1日のスタートがシャキッとしません。

**A** 朝の会は，子どもの司会で子どもに運営を任せられる時間です。システムをつくって，始まる時刻になったら司会の子どもが始め，1時間目の開始までに終了する習慣をつけます。主体的に進められるようにしておくとよいです。

内容は，どの学級にでもある健康観察と連絡だけでも，進め方によってはとても意味のある時間になります。

まず，健康観察ですが，日直からスタートして，「元気です。○○さんどうですか」と健康状態を言ったら次の番号の子どもの名前を呼びます。日直スタートなので，いつも1番の子がスタートではありません。担任は記録をするだけです。私はここで対等性と仲間意識をつくっています。

連絡では，委員会や係活動連絡，また個人の連絡をできる時間にします。できるだけ教師からでなく，子どもの口から連絡を伝えるようにします。さらに，係活動のクイズや簡単なゲームなど，使える時間の範囲なら，子どもが自由に運営してよいことにしています。しかし，時間を延ばすことはしません。たった15分ですが，考えながら運営を任される時間なのです。

**成功のポイント**　　**高学年をつなげる朝の会**

## 子どもがつながる健康観察の仕掛け

　私のクラスでは，出席番号順に輪番で日直が回ってきます。健康観察のスタートは日直です。そして，出席番号が次の人へ回します。出席番号が最後の人は1番の名前を呼びます。こうして毎朝，ぐるぐると輪番で健康観察のスタートが回ってきて，友達に全員が名前を呼ばれるわけです。日直は，たまに逆回りに番号を回したりします（自分の前の番号の人を呼ぶ）。健康観察でも，仲間づくりや全員の対等性を意識していくのです。

## 自主性を育てる仕掛け

　朝の会の流れは決まっていて，時間になったら日直が始めます。「席についてください。朝の会を始めます」たとえ担任が不在でも，自然とできるよう声を掛けていきます。係の連絡で時間が延びそうなときなども，時計を見ながら時間になったら終わらせます。逆に，時間が余ったら，学習を早く始めたりはしません。時間までは静かに休憩します。子どもに任せた15分間は，しっかり任せる勇気が必要です。

　また，全校にかかわる委員会のイベントなどは委員会の子どもが連絡をします。クラスの問題や連絡は学級委員やかかわりのある係の子どもに話してもらいます。極力教師が話さないようにします。

　学級を運営しているのは，子どもたちなのです。学級開きで話したそのスタンスは，各所で実行のチャンスをつくらなければ，具現化しません。朝の会は，子どもが任されて運営する絶好の練習の場でもあるのです。

**これで突破！**
- 朝の会の15分間は，システムをつくり子どもの司会に任せよう
- すべての活動に意図がある。意図をもってシステムづくりを

# 4　授業態度をどう指導する

### ほめる叱るの効果的な使い方

**子どもはどんな教師の話を聞きたいと思うのか。**
**指導するには信頼関係が大切！**

### 困った場面

**Q** 初任者のとき，自分のクラスの躾がうまくできなくて，授業態度も悪い状態でした。正直に言って，今も子どもの前に立つと緊張します。厳しくすれば反発されそうだし，どんな態度で臨めばいいのでしょうか。

**A** 高学年の子どもを前に，なめられないように厳しくしたら反発されてしまった……というのはよくある話ですね。高学年の子どもは，先生だからといって指示に従うことはありません。だから「言うことを聞かせよう」という発想はしないようにしましょう。では，どうするのでしょうか。

　まず，緊張についてですが，「見られている」と思うと緊張します。子どもの前に立ったら子どもを「見て」ください。顔を上げている子は何人いるか，机上は整っているか，姿勢はどうか，何人と目が合うか……がんがん見てください。そうすると不思議と緊張しません。

　次に授業態度についてですが，先述のように子どもを見て，気付いたいい姿をどんどん指摘してください。「この列の姿勢いいね」「頷いてくれてありがとう。それでね……」話の端々でほめまくります。その姿が必ず増えます。

　人に迷惑をかける態度の子どもには，「それやめて。聞きたい人が聞けなくなるから」とスパッと短く注意します。あくまでも先生が怒っているのでなく，仲間が迷惑だからやめるよう言います。話を聞きたい子どもは，「守られている」と感じ，先生を信頼します。信頼されることで，先生の話を聞こうとする姿が増えるでしょう。

4〜5月

**成功のポイント** 🖊 **高学年とつながる授業態度指導**

　子どもの前に立つ教師の在り方について，「成功する仕掛け」はないかもしれません。同じやり方，同じ言葉でも，人が違えば違うように聞こえるからです。思い返すと私たちも経験がありませんか。この先生の話は聞きたい，この先生には何を言われても素直に聞けない……その違いは何でしょう。

　先生が子どもたちに躾をするための大前提について，前頁で述べた内容に沿って詳しく説明します。

### 子どもを見る

　どの子も自分のことを認めてほしい，理解してほしいと願っています。監視の目ではなく，理解しようとして目を向けましょう。反発は「分かってくれない！」というときに起こります。理解しようとする人に反発はしません。

### 子どもをほめる

　子どもには注目行動というものがあります。無意識に，人の注目が集まる行動が増えるのです。先生が悪い態度の注意ばかりしていると，その態度が増えてしまいます。いい行動を指摘し認めていくと，その行動が増えます。

### いい姿を守る

　集団の利益を損ねる行動を放置すると，いい行動をしている子どもの信頼を損ねることがあります。また，いい行動をしているのがバカバカしくなる子も出てきます。短い言葉ではっきりと行動を否定しましょう。また，人物を否定しないためにも，叱るときは名前を呼ばない方がいいです。

🖐 **これで突破！**

・子どもをよく理解し，信頼関係を築くのが，指導ができる大前提

## 5 帰りの会で何を伝える

児童理解で信頼を得る

**なんとなく過ごした1日に意味を見出す大事な時間。
子どもたちの1日の行動を価値付けよう！**

### 困った場面

**Q** 帰りの会がお説教になることが多く改善したいです。学年主任に聞いたら「友達同士で今日のよかったことを発表し合うといいよ」と言われ，やってみましたが，発表する子が少なく，盛り上がりませんでした。

**A** 帰りの会をする意味は，今日1日を振り返り，子どもたちの行動を価値付けること，自分の学びを自覚させることではないでしょうか。

こどもたちは毎日成長しますが，勉強のように「できるようになろう」と意識して過ごす時間だけで成長しているわけではありません。休み時間や清掃，その他様々な「無自覚な」時間の中で人として成長しているのです。その無自覚な学びは，指摘してもらわなければ気付かないまま，価値ある行動として自覚されないまま過ぎていくのです。

「ああ，自分がこうしたことが誰かの役に立ったんだ」「うまくいかないと思っていたけど，努力は無駄ではないんだ」そう自覚することが，次の行動への意欲を引き出していきます。さらに，「先生はこんなことを見ていてくれたんだ」と感じることは教師と子どもとの信頼関係につながります。

子どもの行動を価値づけ，学びを自覚させる方法には，友達のいいところを発表し合う方法もありますが，高学年で挙手が少なく盛り上がらなければ，グループで全員が話す，いいところ探しカードの交換，担任からの紹介など，曜日ごとにやり方を変えながら，子どもたちの笑顔が増える方法を探してみるといいと思います。

**成功のポイント** 　**高学年とつながる帰りの会**

　帰りの会では，子どもたちの今日1日の行動を価値付けていきましょう。そうすることで，いい行動が継続するようになっていきます。教師は意図的にその時間をつくっていく必要があります。いくつかの方法を紹介します。

### よかったことの発表

　挙手が少ない場合，いいことを見つけられる目をもつことを担任が価値付け，発表する子をほめていくことで発表が増えます。また，友達同士や目立つ子だけのほめ合いになる場合，「ひっそりキラキラ」などのネーミングで目立たない努力にスポットをあてる工夫を仕掛けるとよいです。

### いいところ探しカードの交換

　朝学活でカードを全員に配ります。そして，全員がカードをもらえるように，誰のいいところを書くか指定します。隣の人，番号が次の人など，決められた相手のいいところを1日観察して探します。帰りの会で見つけたいいところを書いたら，相手にカードを渡します。

### グループで発表

　座席の近い4～5人のグループになり，お互いに今日のがんばりを発表し，認め合います。学級全体での発表ではありませんが，全員が話せるよさがあります。グループで全員が話した後に，「全員に紹介することはありますか」と司会が言い，いくつかは学級全体に紹介するように進めることもできます。

### 担任から紹介

　担任がストレートにほめることはもちろん大事です。しかし，ど直球のほめ方に素直に喜ばない高学年の実態もあります。そんなときは，「1年生がすごく喜んでいた」「○○先生が感心していた」「職員室で話題になっていた」など第三者の評判を伝えると高学年の心に響きます。

**これで突破！**

- 帰りの会では，子どもたちの1日の行動を価値付ける

## 1 めんどくさがる子がいたら

得意を生かせる仕事をつくる

**めんどくさがる背景は，苦手意識や自信のなさ。
得意を生かして，行動につなげよう**

### 困った場面

**Q** 高学年になって，児童会活動や奉仕活動のグループで，班長を任せなければいけない場面がありますが，自分が好きなことでないと，計画や準備，司会もめんどくさがってやろうとしない子がいます。

**A** めんどくさがるのは，得意でない仕事だからです。まずは，好きなことを生かせる仕事をつくって頼みましょう。そもそも自分の力で集団の役に立ったことがない子どもが，高学年になったとたんにバリバリと集団を引っ張ることができるわけがないのです。何か集団の役に立つ経験，成功体験を積み，少しずつ他の場面でも自信をもって行動できるように育てていきましょう。

そこで担任は，「この子をどう生かそうか」という発想で子どもたちを観察します。指示を出すのが得意な子は，リーダーとして分かりやすいですが，しっかりと計画を立てられること，責任をもってやり遂げられること，みんなの意見を聞けることもリーダーとして大事な力です。その違ったリーダー性をもつ子をペアで組み合わせて行事に臨みます。補い合って，お互いに成功体験を積むことができます。

その際，司会などができる子に，目立たない仕事に従事した子の活躍を全体に紹介してもらうと，その子も満足感を得られます。また，めんどくさがる子は自信がなく逃げている場合もあります。そんな子には何度も練習するなど，見通しをもたせるとよいでしょう。

**成功のポイント**　リーダー性を育てる「得意の生かし方」

　P．F．ドラッカーは，経営者の条件として，「一人一人の強みを生かすことは，成果をあげるための必要条件である」と述べています。また，「リーダー性とはカリスマ性ではない」とも述べています＊。これは会社の経営でも学級経営でも同じだと思います。

　さて，学級の経営者として一人一人の強みをどのように生かしていけばよいでしょう。

　異学年交流での一場面を思い出してください。1～6年生までが混ざった12人のグループで運動会の児童会種目のダンスの練習をしています。班長の6年生男子は，指揮をとり，「もう1回やって見せるから真似してやってみて！」と大きな声を張り上げます。副班長の6年生女子は，前に出て指示を出すのは苦手ですが，低学年に「ほら，遊んでないでよく見ていてね。こうやるんだよ」と声を掛けながら進めています。5年生の男子が「ビデオに撮って低学年の教室に配ったらどうかな」と先生にビデオカメラを借りに行きました。

　この3人の高学年児童は，3人ともリーダー性を発揮しています。しかし3人とも完全ではありません。教師は，「丁寧に教えてくれて少しずつできてきたね」「ビデオ撮影ね，いいアイディアを出してくれて助かるなあ」とそれぞれのよさを価値付けながら，自信をもたせ，且つお互いのよさも取り入れていけるよう根気強く育てる経営者でありたいと思います。

**これで突破！**
- 得意なことを任せ自信をつけることが，苦手と向き合う近道

〔参考資料〕
＊ P．F．ドラッカー『経営者の条件』ダイヤモンド社，2006

# 2　下学年とかかわれない子がいたら

感謝される場面をつくる

> 高学年だから感謝されることができるのではない。
> 感謝されながら高学年らしくなっていく

## 困った場面

**Q** 下学年の子とかかわれない子はどうしたらいいでしょうか。本人は何でもまじめにやりますが，自分がやっているだけで，小さい子に教えたり，声を掛けたりするのは苦手のようです。

**A** 「6年生のみなさん，○○してくれてありがとう」こう言われて一番嬉しいのは誰でしょう。そうです，言われた6年生です。自分に自信をもち，やってよかったと思い，またやりたいと思うでしょう。

高学年担任になったら，感謝される場面を意図的につくります。高学年の子どもたちが，「全校の役にたった」と思える場面をつくるために，こちらから仕掛けていくことが大切です。

例えば，1年生のお手伝いをする機会を設けます。給食の支度や，運動会準備など，1年生が初めて経験することなら何でもチャンスになるでしょう。その際，小さい子に目線を合わせることや，名前を覚えてあげること，手本を見せてあげることなど，1年生に上手に説明するポイントは十分事前指導をしましょう。そして，お手伝いの後は，1年生から「ありがとう」を言ってもらうように1年生の担任にお願いしておくのです。

ある6年生の日記です。「私は今日，ありがとうと言ってもらうのがこんなに嬉しいということを知ったので，これからもっと，ありがとうって言ってもらえることをしていこうと思います」

**4〜5月**

**成功のポイント**　リーダー性を育てる「下学年とのかかわり」

　安易に「経験を増やそう」と考えるのは危険です。苦手な行事を何度やっても，うまくできるようにはなりません。むしろ，

> 苦手なまま回数を重ねると，失敗経験を積む

ことになり，苦手意識が強くなります。

　担任は，単純にかかわる機会を増やすのではなく，

> 成功体験となるよう，意図的に仕掛ける

必要があるのです。

　下学年とかかわる場を設定したら，１番大切なのは事前指導です。当日までに，目的や心構えに加え，名前を呼ぶことや，ゆっくり話すこと，「どんなテレビが好き？」など具体的な話題まで考えさせておきます。何かのお手伝いなら，勝手に進めるのでなく，下学年の子ができるよう一緒に作業を行う姿勢も大切です。かかわり方は，高学年同士で練習しておくとさらによいです。

　次に忘れてはいけないのが下学年担任との連携です。下学年のニーズを聞き，それに応えるようにかかわる指導をしておくことで「本当に感謝される」ことを目指します。そして事後にお礼を言ってもらうようにお願いしておきましょう。感謝の手紙を書いてくれることもあります。

　下学年とのかかわりが苦手な子には，個別に，「１年生の○○さん，楽しそうにしていたね」など，声を掛けると自信がもてます。

　このように，担任が事前にどんな仕掛けをしておくかが，かかわる機会を「成功体験」とするか「失敗体験」とするかの分かれ道と言えます。

**これで突破！**
- 成功体験にするポイントは，事前指導と下学年担任との連携

## 3 指示待ちの子がいたら

目的を伝え方法を考えさせる

**指示待ちの子は，中学年まで間違わずにきた「いい子」が多い。
考える機会を増やしていこう！**

### 困った場面

**Q** 何かあると「どうしたらいいですか」と聞き，いいことでも「○○していいですか」と聞いてきます。自分で決められることもあると思うのですが，教師が言うまで安心して動けないのでしょうか……。

**A** 指示待ちの子は，何をしたらいいか，どう動けばいいか，つまり方法を言われてからでないと動けないということです。高学年になったら，自分たちで考えて動けるようにしてあげたいと思います。

　指示待ちを卒業するには，目的（ゴール）を伝え，方法は自分たちで考えさせる習慣をつけます。

　私の経験を紹介します。5年生の最初の給食で，給食当番がなかなか配膳を始めません。私が近づくと「先生，おかず担当が2人いるけれど，どっちが野菜でどっちが魚をやればいいですか？」と聞きます。私は呆れて「配膳できれば誰がやっても私はいいです。自分たちで決めて」と言いました。給食当番は「じゃあ，私野菜やるから魚お願い」と自分たちで始めました。ここで私が「じゃあ，あなた野菜お願いね」と言えば早いかもしれませんが，それだけの自己決定や相談を経験してきていないことに問題があります。

　子どもたちが，指示を待ってから動き，言われた通りにできればほめられる，と学習してきているとしたら，指示待ち人間をつくっているのは私たち大人です。考える場を与えてあげたいものです。

**4〜5月**

**成功のポイント** 🖊 リーダー性を育てる「指示待ち卒業」

　ついつい，考えれば分かることまで指示してしまっていませんか。子ども
の判断基準を「先生が許可する・許可しない」にさせていませんか。教師Ａ
と教師Ｂ，どちらが指示を待たずに動く子を育てているでしょう。日々の声
掛けを変えれば，子どもは自ら考え動く力をつけていくでしょう。

子ども：おかず担当が２人います。誰が野菜で誰が魚を担当しますか？
教師Ａ：じゃああなたが野菜，あなたが魚やってね。
教師Ｂ：きちんと配膳できれば，誰がやってもよいですよ。

子ども：運動会っていつですか？
教師Ａ：６月１日ですよ。
教師Ｂ：年間予定が貼ってあるから見てごらん。予定が分かりますよ。

子ども：朝の会を始めていいですか？
教師Ａ：いいですよ。
教師Ｂ：毎日８時30分になったら日直が始めるようにしましょう。そうすれ
　　　　ば，私が用があっても，出張でも，自分たちで動けますよね。

子ども：５分休みに着替えてもいいですか？
教師Ａ：着替えは昼休みにしてください。
教師Ｂ：授業に遅れないために，着替えは昼休みと言っています。次の授業
　　　　に間に合うなら，５分休みでもいいです。時間は大丈夫ですか。

🖐 **これで突破！**

・教師の声掛けを変え，子どもが考えて行動する機会を増やす

# 係活動を動かすには

当番活動とイベント活動

**すべての係で当番活動とイベント活動を計画。
学級を楽しくするための組織として活用しよう**

## 困った場面

**Q** 係活動をどのように指導したらよいか分かりません。仕事をやっている係もありますが，ほとんど仕事をしていない係もあるようです。自分たちから仕事をするようにするにはどうしたらよいでしょうか。

**A** 学校を動かすために高学年の子どもは委員会活動を行っていますが，係活動は学級内での委員会活動のようなものです。委員会が1年間でどのように運営されているか考えれば，活動を考えやすいと思います。

　まず，係活動では，毎日決められた仕事を行う当番活動と，企画して行うイベント活動の両方を計画します。当番活動ばかりの係や，イベント活動ばかりの係ができないように係をつくるときに配慮します。

　「お楽しみ係」という係をつくって，学級イベントを計画させる学級がありますが，私は「お楽しみ係」はつくりません。すべての係がイベント活動を考えるからです。

　当番活動は毎日か，少なくとも週に何度か仕事があるように考えます。仕事を行ったかどうか分かるように，仕事をしたら丸を付ける表や，マグネットを動かす掲示など，係活動の掲示をつくると仕事を忘れません。イベント活動はどの係も学期に1回はイベントを行うように計画します。休み時間を使ったイベントや，学級活動の時間を計画的に使ってイベントを行ってもよいと思います。

成功のポイント　主体的に動く「係活動」

**係活動の中の当番活動とイベント活動例** ················

　毎日の仕事と，みんなで楽しめるイベントを計画します。担任は日程調整などの相談にのり，イベントが成功するように協力します。イベントの時間は，昼休みの他，45分の授業時間に，各係15分間で３つの係がミニイベントを行うなど，計画的に時間を設けるとよいです。

| 係 | 当番活動 | イベント活動 |
|---|---|---|
| 音楽係 | 朝の会で歌の指揮 | イントロクイズ大会 |
| 体育係 | 体育の用具準備・体操 | 学級ミニ運動会 |
| 保健係 | 窓の開け閉め・手洗いチェック | 残飯ゼロウィーク |
| 図書係 | 学級文庫の整理 | 読み聞かせ |
| 生き物係 | メダカのエサやり | 生き物クイズ大会 |

**当番活動実施の可視化** ················

　毎日の仕事が終わったら，マグネットを移動するような掲示が便利です。

| これから仕事をします。 | 任務完了！ |
|---|---|
| 図書係　生き物係　体育係 | 保健係　音楽係　配付係 |

これで突破！
- 当番活動をやったかどうか目で見て分かる掲示を設置する
- イベント活動はすべての係が行い，学級みんなで参加する

## 2　好循環を生み出すには

自由に使える時・物・場

**まずは自分たちでやり始める環境づくり。
その後は担任の声掛けや紹介で活動を後押しする！**

### 困った場面

**Q** 係活動や日直の仕事などをやっていない子がいると，結局こちらから声を掛けて仕事をやらせることが多く，子どもたちは仕方なくやっている様子で，悪循環です。

**A** コンビニで，一番の売れ筋商品であるドリンクを奥に陳列することで，お客さんはコンビニを1周歩き，ついでに何かを手に取るよう配置されていることは，有名です。

担任は，言葉で子どもを動かそうとするのではなく，動くような環境を整えることに力を注いでみてください。子どもたちが，

### 先生が意図的にやっている仕掛けに気付かない

で，自分たちの意思で動いていると感じていれば，大成功です。

高学年の子は，やらされるのは嫌いですが，得意なことを生かすのは大好きです。可能な範囲で，やりたいようにできる場をつくっておきます。

朝の会での係のコーナー，自由に使えるマジックや紙，子どもたちに任せる掲示スペース，などを設置します。子どもたちがそれらを使って何かを始めたら，チャンスです。担任は「楽しみだなー」「それいいね！」と声を掛けたり，子どもの取り組みをお便りに載せたりして好循環を生み出しましょう。

**成功のポイント**　**主体的に動く「好循環を生み出す仕掛け」**

## 時間の与え方

　休み時間は友達との遊びの他，委員会活動や学習の準備などで意外と時間がないことも考えられます。子どもたちが進んで仕事をしないと感じたら，それぞれが違った活動をできる時間を設けます。与える時間は，

> 短時間で何回もある

方がよいです。例えば，朝の会の後半5分，テストが終わった後の10分などの隙間時間に，「チャレンジタイム」として，自分で選んで仕事や学習をする時間にします。

## 物や場所の与え方

　前述した通り，自由に使える道具をまとめて置いておきます。乱雑にならないように管理しましょう。そして，活動が目に見えるよう，子どもに任せる掲示コーナーをつくります。ポスターや季節の掲示，イラストなど，好きに使い始めます。教室を整理し，活動スペースも広いと人が集まります。

## 好循環を生み出す声掛け

「わー，いい掲示をつくったね。このクラスの担任で嬉しいよ！」
「見回りの先生が，このクラスの掲示やポスターを見て，ほめていたよ」
「○○係，仕事してくれたの？　ありがとう。すごく助かったよ！」
「○○係が今度イベントをするんだね。楽しみだなあ！」
「みんなが活躍しているから１組のすごいところ特集をお便りに載せたよ」

### これで突破！

- 好循環を生み出すために，まず動く機会を。そして認める声掛けを

# 3 給食当番を意欲的に行うには

チームになって働く

> **給食当番は分担でなく協働で行う。**
> **チームになって仕事に取り組もう**

**困った場面**

**Q** 給食当番をさぼる子がいます。友達としゃべっていて，エプロンを着るのも遅いので，他の子が仕事をしてしまいます。片付けも忘れて遊びに行ってしまうことがしばしば。困っています。

**A** 給食当番といえば，よく見かけるのが分担表です。主食・お汁・おかず1・おかず2・牛乳など，日替わりで役割を変えていくものです。分担作業は，個人の責任がはっきりしていていいです。しかし，給食当番では，自分の分担をやるだけでなく，当番がチームになって動いてほしいと思います。

赤坂真二氏は，チームとは課題解決志向集団であると述べています。給食当番も，毎日の小さな課題解決をする集団であることで，さぼる子どもをチームに引き入れていくことができます。

まずは，配膳が終わるまで，片付けが終わるまでは，当番全員が仕事を終わりにしないように指導します。やらない子には子ども同士で「○○をやって，お願いね」と声を掛けさせます。さぼる子の仕事を他の子がやってしまうことは，その子は「必要ない」というメッセージでもあるのです。

全員で仕事をしている状態を当番の全員に求めます。教師はさぼる子を注意するのでなく，「やっていない子になぜ声を掛けないの？」とチームとして動いていない状態を注意していく姿勢が必要です。

**4〜5月**

**成功のポイント** 🖊  **主体的に動く「給食当番」**

## 全員が必要という姿勢

　当番全員にチームとしての意識をもたせます。分担作業は，自分の仕事が終われば作業終了ですが，チームでの協働は，目的が達成されるまで，全員で取り組む動き方をするのです。

　やらない子には，子どもから声を掛けさせましょう。友達が，「○○さん，この仕事お願い。やってくれないと困る！」と仕事を頼むのが１番いいと思います。

　子どもは，教師から仕事を頼まれるとめんどくさがることがあります。しかし，子ども同士の場合，自分だけやることがないと居場所がない感じがして悲しい思いをするのです。

　実際，仕事をしないという問題の背景に，仲間に入れてもらえないという人間関係のトラブルがあることもあります。「必要のない人はいない」という姿勢を徹底していきましょう。

## やるなら徹底する

　私のクラスは当番の全員参加を徹底させていたので，給食後の当番は全員で掃除をします。ほうきの数が足りないので，ほうきをもてない子が「がんばれー」とほうきの横で掃除の応援を始めたこともありました。全員でワイワイと楽しそうでした。「はい！　先生，どうですか？」ときれいになると言いに来ます。協働して課題解決に向かうことは楽しいものなのだと，見ていて実感します。

　全員参加を求めるなら，徹底することです。「まあ，いなくてもいっか」と妥協しないことです。

　✋ **これで突破！**
- 「さぼっても大丈夫」つまり「自分は必要ない」と，思わせない

55

# 話を聞けるようにするには

振り返りとフィードバックで定着

**主体的に聞く態度を身につけるには，自分の聞き方を自己評価し，教師がその態度を価値付けること**

### 困った場面

**Q** けっしてうるさいクラスではないのですが，静かなだけで，話をよく聞いている感じがしません。理解しているのか，していないのか……。話をしていて不安になり「伝わっていますか？」と聞きたくなります。

**A** 聞き方について述べられている著書は多く，杉江修治氏は『協同学習入門』（ナカニシヤ出版，2011）の中で，個人が発言する際に，聞く側は発言者の意見をしっかり聞いて，同感ならばその旨を，異論があれば違うという意見を伝え返すことが大事だと述べています。また，赤坂真二氏は『成功する自治的集団を育てる学級づくりの極意』（明治図書，2016）の中で，交流型学習において必要なスキルを６つ挙げていますが，６つのうち３つが聞き方のスキルです。どうやら，子どもたちが学習に向かう姿勢として，聞き方が重要なのは，間違いありません。

　そこで，ある学校の校内研究で，①最後まで聞く，②あいづちを打ちながら聞く，③分かろうとして聞くという，３つの態度を聞き方のスキルとして学級で意識させたことがあります。

　その定着に効果的だったのは，必要なスキルとして子どもが自己評価を繰り返すこと，さらに教師がそのスキルの価値をフィードバックすることにありました。自己評価をすると，子どもはできるよう意識します。そして，教師が「このように聞けたから，今日はすぐに作業ができ，完成度も高かったね」などと価値付けることで，定着がなされていきました\*。

**成功のポイント** 　主体的に動く「聞き方」

## 最後まで聞かせる話し方 ・・・・・・・・・・・・・・・・・・・・・・・・・・・・・・・・・・・・・・・・・・・・

　グループ活動での聞き方としては，人の話を遮ったり否定したりせずに，最後まで聞くということで指導できるでしょう。一斉指導での聞き方として，最後まで聞かせるためには，教師の話し方にコツがあります。まず，

### 話の見通しを見せる

ことが大切です。「3点連絡があります」という話し出しや，プレゼンや授業で「今日の流れ」が示される進め方です。「この話はいつまで続くのだろう」と思わせないことで，飽きずに聞けます。次に，

### 初めと終わりのスイッチをつくる

ことをします。

　私は，「お願いします」でこちらを向かせ，話の後に「質問はありませんか」そして活動に入る際は「では，どうぞ」と言うようにしています。途中で質問をしてきても答えません。「どうぞ」の前には動きません。それを徹底し，集中して聞く態度を定着しています。

## スキル定着のためのフィードバック ・・・・・・・・・・・・・・・・・・・・・・・・・・・・・

　聞く態度が定着してきたら，教師がそれを価値付け，子どもたちにフィードバックします。例えば，「最後まで聞けたから，やり方を間違える人が減ったね」「うなずきながら聞いてくれたから，話し易かったよ」とその聞き方をしてどんなよさがあったのかを伝え，やる意味を感じさせるのです。

**これで突破！**

- 聞き方の定着には，「聞けたからこんないいことがあった」という教師のフィードバックが不可欠

〔参考資料〕
＊岡田順子・赤坂真二「協同学習における人間関係づくりについての事例的研究」

## 5 掃除をしない子がいたら

その子だけの持ち場を与える

**Before, After が分かりやすい持ち場を与える。
そしてやり方を丁寧に伝える**

### 困った場面

**Q** 清掃の時間に掃除をまじめにしない子どもがいます。注意されると少しやる様子を見せますが，掲示板を見てぼーっとしていたり，廊下や教室をうろうろしたりして，時間をつぶしているようです。

**A** 清掃をしない子どもには，一人で受け持つ持ち場があるといいです。そこの掃除のやり方を丁寧に教えて，「お願いね」と任せるとよいです。清掃をしない子どもには，できない理由があるからです。

その子どもが清掃をしないのは，なぜでしょうか。ただのさぼりの場合もあるかもしれません。では，さぼる理由を考えたことがありますか。

清掃をしない理由は，やりたくないというだけでなく，やり方が分からない，自分がしなくても他の人がやってしまう，大事な役割がない，声を掛けてもらえない，一緒に作業する人がおらず居場所がない，さぼる仲間がいる，など，清掃に向き合えないその子どもなりの理由があるのです。

そういった事情が改善されないままに注意をしても，うまく動けるようにはなりません。だからまずは，その子が一人で受け持つ場をつくってあげてください。「○○さん，ドアのレールに汚れが溜まっているから，ここを磨いてくれるかな」と場を与え，個別に声を掛けます。

自分のすべきことが与えられるということは，居場所ができることであり，うまく動けない子にとって救いとなるのです。

成功のポイント　**主体的に動く「清掃活動」**

**全体がうまく動かない場合** ⋯⋯⋯⋯⋯⋯⋯⋯⋯⋯⋯⋯⋯⋯⋯⋯⋯⋯

　清掃に来ている人数の半数以上がフラフラとしていたり，手持無沙汰になっていたりする場合，大勢で清掃するやり方が分からない場合が多いと思います。一人一人はやろうと思っても，みんなで効率よくやらなければ，順番待ちや，やる場所がない子どもが出てきます。

　教室の清掃に割り振られる人数が，だいたい10人程度だとします。3人程度がほうき，7人程度が雑巾がけをします。机を後ろに移動させたら，まずはほうきで掃きます。ほうきの子どもは階段状に並んでごみを教室後方へ掃きます。2往復程度で教室の半分が終わります。ほうきが終わったら，雑巾がけの子どもは，横1列に並んで雑巾がけをすれば1回で済みます。

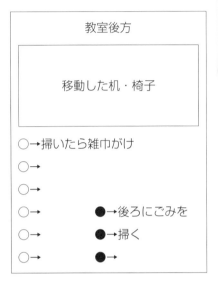

**一人で，清掃をしていない場合** ⋯⋯⋯⋯⋯⋯⋯⋯⋯⋯⋯⋯⋯⋯⋯⋯⋯⋯

　全体の動きに入らずフラフラする子がいたら，個別に声を掛けます。前頁の例で示したように，レールや棚などの細かいところをお願いし，個別に役割を与えると，動きやすくなると思います。

これで突破！

- 清掃がうまくできない子には，個別に場を与え，やり方を教える

## **6** 学力差が大きかったら

自分の課題をもつ

> 教師自身が「学力」をとらえ直す必要がある。
> どの子どもにも課題があり，がんばることが見つかる

### 困った場面

**Q** 学力の差が大きく，問題を出すと，分かっている子どもと全く分からない子どもがいます。分からない子どもが分かるまで説明しようとすると，時間がかかってしまい，他の子は退屈そうにしてしまいます。

**A** 「学力」を「知識・理解」ととらえるならば，一斉指導の授業では，学力が大きく違う子どもたちすべてのニーズに合わせるのは難しいです。分かりきっていることを聞くのはつまらないでしょう。しかし，「学力」のとらえを文部科学省が示したように，「活用する力」や「学びに向かう力」「人間性」等まで広げたらどうでしょう。「すべてできてしまっていて学ぶことがない」という子はいるのでしょうか。おそらくいないでしょう。これら幅広い力を「学力」と呼ぶことを教師は子どもに伝えなければいけません。

同じ「分数の割り算」の授業を受けていても，なぜ割る数が逆数になるのか，図を使って理解しようとする子ども，また自分が理解したことを説明しようとする子ども，計算の方法を覚え，正しい答えを導けるように練習する子ども……。この単元で何をできるようになるのか，それぞれに目標をもたせるのです。自分の課題を自覚させることで，学力差の大きい学級でも，目標をもって授業に参加することが可能になります。

個々の目標設定は，単元や授業のはじめに自分で選択させ，終わった後に自己評価をするといいです。

**成功のポイント** 主体的に動く「学力差の大きい学級の授業」

6年算数「分数の割り算」第1時の場合，この問題の解き方を考え，答えを導くまでで1時間扱いとなっています。分からない子には手も足も出ない，つまずきやすい単元です。その一方で，塾などで予習し解ける子がいるかもしれません。それぞれに目標のある授業はつくれるでしょうか。

> $\frac{5}{8}$ ㎡のへいをぬるのに，黄色いペンキを $\frac{3}{4}$ dL 使います。このペンキでは1dL あたり何㎡ぬれるでしょうか。

初めて分数の割り算に出会う子は，教科書通りに丁寧に図に示しながら理解を進めていきます。立式で間違えやすいため，分数を整数に置き換えて，「6㎡のへいをぬるのに，黄色いペンキを2dL 使います。このペンキ1dL あたり何㎡ぬれるでしょうか」では6÷2で求めたことを確認し，正しく立式できるようにします。

分数の割り算の方法を知っていて，答えが分かる子どもには，説明を考えさせましょう。その際に教師は「なぜ説明する力が必要なのか」を子どもに伝える必要があります。「全国学力・学習状況調査」の出題や出題のねらいを参考に，説明させる必要性やその価値を教師が知り，伝えましょう。

分かっている子が分からない子に教える時間は，分かっている子にとって無駄な時間ではありません。説明力，プレゼン力を育むために学力の高い子が目標をもって取り組み「私の説明で伝わった！」と喜びを感じることが大切なのです。

**これで突破！**
・それぞれに合った目標をもたせ，教師はその目標の価値を伝えよう！

# 7 話し合い活動を活発にするには

方法と価値を伝える

**天国にも地獄にもなる話し合い活動！**
**方法と価値が伝わっているかどうかが明暗を分ける**

## 困った場面

**Q** 対話的授業にすることが求められているので，グループでの話し合い活動を取り入れますが，うまくいきません。話し合いに入らない子や，関係のない話題で私語を始める子など，どうしたらいいのでしょう。

**A** 『学習の輪　学び合いの協同教育入門』（D. W. ジョンソン・R. T. ジョンソン・E. J. ホルベック著，二瓶社，2010）で，「グループを組ませれば，それが協同グループになるわけではない」と述べられている通り，グループにしただけでは，かかわり合って行う学習はうまくいきません。

　以前，5年生で初めて受け持つ子どもたちに話し合い活動をさせようとしたら，一人の子どもに「なんでこんなことしないといけないの？」と言われ，ショックを受けたことがあります。早く問題の解き方を教えてくれと思う子どもにとって，話し合いなど非効率的に思えたのでしょう。

　話し合い活動で成果を出すには，

> 話し合いをする価値と方法を子どもが理解する

ことが必要なのです。

　何のためにその話し合いをさせるのか，説明できますか。また，どんなルールで話し合うか，示せますか。次のページで実践例を紹介します。

**成功のポイント** 主体的に動く「グループでの話し合い活動」

## 話し合い活動の価値

　活動によって目的や価値は違うかもしれませんが，私が学級の子どもたちに繰り返し伝えているのは全員が話す機会があるという価値です。

> ・手を挙げて答える人だけでなく，全員が考え，全員が話せる。
> ・友達の考えも聞いて，自分とは違う考えもあることが分かる。
> ・一人では気付かなかったことに気付いたり，似た意見を聞いて自分の
> 　考えに自信がもてたりする。

## 話し合い活動の方法

　全員参加を実現するために，4～5人のグループで話し合う際に，指導するルールがあります。まずはこれを伝えてください。

> ・全員が順番に自分の考えを話す。
> ・人の話は最後まで否定せず，肯定的に聞く。
> ・頷きや，「なるほど」などの反応をしながら聞く。
> ・全員の意見が出てから，比較検討する。

## 方法の定着には価値のフィードバック

　その方法をしたから，こんな力がついた，と教師は価値付けをします。

> 　全員が話せたグループは手を挙げてください。素晴らしいですね，全員が頭を使って考え，自分の考えを話すことができたのですね。それができたら，必ず考える力も説明する力もつきますよ。

**これで突破！**
- 全員参加を毎回価値付け，「自分は関係ない」という子どもをつくらない

## 8 自習ができないと感じたら

自治を意識した学級づくり

**自習時間の在り方は個々の問題か？**
**自習時間は学級自治がためされる時間！**

### 困った場面

**Q** 担任が出張のとき，自習の時間にうるさくなってしまうようで，困っています。プリントを置いていっていますが，全く終わっていない子どももいます。教師が見ていなくても学習できるようになってほしいのですが。

**A** 1回限りの自習を静かに過ごさせたいなら，たくさん課題を出して，「終わらなければ宿題」「私語をした人を学級委員が担任に報告」など言っておけば何とかなるかもしれません。しかし，求めているのは，担任が見張っていなくても自分たちで学習できる子どもを育てることだと思います。ここではそのような視点でお話しします。

　自習課題に向き合えないのは，その子にとって課題が難しいからかもしれません。「静かにして！」などと言われてもうるさくなるのは，学級で迷惑を掛けても平気だからかもしれません。自習ができる学級にするには，個々のそのような課題を克服するよりも，学級集団を成長させるのが近道です。

　童話「狼と7匹のこやぎ」ではありませんが，「みんなで留守を守る」という意識を育てることです。例えばプリントなら，終わった人は「3人以上で答え合わせ。3人同じ答えならたぶん正解。全問正解になったら，困っている人に教えに行く」など全体で課題を終わらせるような指示を出していきます。このような全員で協力して課題に向かう学習を担任がいる時間にも行っていると，よりスムーズにできるようになるでしょう。

**成功のポイント**　　**主体的に動く「自習時間」**

　担任不在のときに，いきなり自分たちで学習を進めるのは難しいですね。自習ができる学級は，日頃から自分たちで学習を進める経験を積んでいます。担任がいても，日頃から子どもたちに任せる時間があり，自分たちが学習の主体となっている学級は，意欲が高く，自習だってできるのです。

　私は自分が不在のときだけでなく，月に1回くらい「補習タイム」と言って自習をさせています。何教科かのレベル別のプリントを用意し，自分で選ばせます。練習したい子も，チャレンジしたい子も，自分で選び，机を合わせて学習します。話し合いながらでも，一人で考えてもよいこととしています。なぜ「補習タイム」を始めたかというと，学習に遅れがある子の休み時間をつぶしたくなかったからです。全体が自習している間，私は個別指導が必要な子3人くらいを集め，じっくり補習をしています。答え合わせも自分たちで行うので，プリントの丸付けが担任にたまることもありません。

---

**【自分たちで意欲的に行うプリント学習のシステム】**

・教科基本コース，チャレンジコースなどレベルを2種類用意。

・自分で教科やコースを自分で選ぶ。

・机をグループで合わせて，困ったら相談できるようにする。

・答え合わせは，3人以上が同じ答えで自信があれば○。

・意見が分かれたり，自信がなかったりしたときには数人で考え直す。

・自主丸付けが終わった後，黒板に貼ってある答えで最終確認。

---

**これで突破！**

・担任がいる時間に，自分たちで協力して学習する経験を積ませよう！

## 9 授業参観で困ったら

かかわりのある授業で子どもたちを見せる

> **授業参観では，かかわりのある授業を見てもらおう。**
> **友達とかかわる姿に保護者は安心感をもつ**

### 困った場面

**Q** 初めての学習参観では，新しい担任を見に，多くの保護者が来校しますが，どんな授業を見せたら信頼を得られるでしょうか。見られていると思うと緊張して，うまく授業する自信がありません。

**A** 春の授業参観は，確かに新しい担任の先生を見に来るという要素もなきにしもあらずですね。しかし，保護者は基本的には自分の子どもを見に来ます。だから先生は，自分が見られていると考えるのではなく，子どもを見てもらおうと考えるといいです。

　自分が見られていると感じていると緊張する授業ですが，教室での子どもたちを見てもらおうと考えれば，先生は演出する側ですから，自然と緊張せず，「子どもたちがんばれ！」という気持ちになるものです。

　では，どんな子どもの様子を見てもらうかというと以下の3つです。

---

①友達と仲良くやっているか。（友達関係）
②楽しそうに授業に参加しているか。（学習関係）
③先生とかかわれているか。（先生との関係）

---

　これらの様子を見て，「今年度，大丈夫そうだな」，そう思えば，保護者は安心し，そんな授業を展開している先生を信頼するはずです。

4
〜
5
月

**成功のポイント** 主体的に動く「初めての学習参観」

## 友達とのかかわりを見せる ・・・・・・・・・・・・・・・・・・・・・・・・・・・・・・・・・・・・・・・・・・・・・・

　じゃんけんをする場面があるといいです。じゃんけんは簡単で誰でもでき，どの子も笑顔になれます。例えば，

　「じゃんけんで勝った人がお父さん役，負けた人がぼく役で会話文を音読」（6年国語「カレーライス」：光村図書）

　「じゃんけんで勝った人から交代で，線対称な図形の手順を一人一つずつ進んで，対称な図形を完成させよう」（6年算数「対称な図形」：学校図書）

　どちらも4月の内容です。楽しくかかわる授業を考えてみてください。

## 授業に参加している様子を見せる ・・・・・・・・・・・・・・・・・・・・・・・・・・・・・・・・・・・・・・・・

　私は算数の公式を覚えたら隣の人と暗唱して確かめ合わせさせるのですが，「じゃんけんで勝った人から言おうね。先行〜後行〜じゃんけんぽん！」そう言って言い合いっこします。そこで，全員が声を出す様子を見せることができます。その後「隣の人が公式を言えたという人は手を挙げてください」と言うと，ほとんどの子どもが手を挙げます。自分が発表なら挙手をしない子も手を挙げて，活発な授業の様子を見せることができます。

## 先生とのかかわりを見せる ・・・・・・・・・・・・・・・・・・・・・・・・・・・・・・・・・・・・・・・・・・・・・・

　子どもがノートを書いている間に，机間巡視をするといいです。そして，ほんの一言でいいので，「書けたね」「丁寧だね」など声を掛けて回りましょう。子どもは頷くだけでいいです。保護者は「先生は自分の子どもも気にかけてくれた」と思い，安心することができます。

**これで突破！**

・どの子も声を出し，授業に参加する，かかわりのある授業を工夫しよう！

# やらされ感が強かったら

できる力を信じて任せて頼る

**何のためにやるのか，やるとどうなるのかを示し，
できる力を信じてあげれば高学年は動き出す！**

## 困った場面

**Q** 何か指示をすると「えー」と言って嫌がる様子が見られます。
仕事でも宿題でも，強く指導すればやりますが，いかにもめん
どくさそうに指示されたことだけやって，やる気を感じません。

**A** 「宿題しなさい！」「今やろうと思ってたのに……」よくある親子の会
話ですね。しなければいけないことは分かっているのに，言われても
っとやる気がなくなる，それは確かです。

では，人が自分で動くときは，どんなときでしょう。漢字テストで合格し
たいから練習する，早く遊びに行きたいから清掃を早く終わらせる，動機は
様々だと思いますが，何かしら目的があって人は動きます。

高学年の子どもたちは，ある程度知恵も力も経験もあります。ですから，
やること自体を指示するよりも目的を共有するといいです。そして，そのた
めに何をどうやったらいいか，本人たちに任せてみるのです。子どものでき
る力を信じます。そうすると，高学年の子どもたちは動き出します。

先生に求められていること，全校に求められていることに対し，

**自分たちはできると思われていて，任されて，頼られている。**

そう感じた子どもたちは反発どころか，やる気をもって動きます。

**成功のポイント** 　**教師への反発を感じたら「やらされ感打開」**

　何か頼もうとして担任が近づくと，なんとなく距離を置いて避けていく高学年の姿。「頼まれたくないなあ」という雰囲気が滲み出ています。そのような姿に対し，ベテランの女性教師が「ほら！　そんな顔しないで，すぐやる‼」なんて追い立てることもありますね。それでうまく子どもを動かせるベテラン教師は，きっと日頃から子どもとの信頼関係ができているのでしょう。残念ながら同じように若手男性教諭が声を掛けると「うざ……」なんて反発されることも多々あるのが現実です。

　反発されていると感じたら，まずは言葉を「注意」「指示」から「お願い」「頼る」言い方に変えてみましょう。同じことをして欲しくても，印象はかなり違います。

> 教　師：体育用具の片付け方が悪くて困っています。ここに片付けた
> 　　　　人，戻って来てきちんと整頓してください。
> 子ども：えー，ぼくだけじゃないんだけど……。／めんどくさい。

> 教　師：みんなにお願いがあるんだけど，体育用具が乱雑になっていて，
> 　　　　これだと使うときにすぐに始められないと思うんだ。誰か片
> 　　　　付けを手伝ってくれる人がいると助かるんだけど，どうかなあ。
> 子ども：じゃあ，やりましょうか？／○○さん，一緒にやろう。
> 教　師：ありがとう！　すごく助かるよ！

**これで突破！**
・子どもができると信じて任せよう！

## 2 禁止に反発してきたら

超えてはいけない枠を示す

**一つ一つ，いいか悪いか言うのではなく，
判断基準を与える声掛けをしよう！**

### 困った場面

**Q** 学校生活で，禁止することが結構あると思うのですが，「～してはいけない」という話をすると，「なんで？」など不満を訴えてきます。ダメなものはダメだし，うまく説得するにはどうしたらよいでしょう。

**A** 禁止事項はたくさんあります。頭ごなしにダメと言われても反発しますから，ダメな理由をつけるなど，先生方も工夫して伝えていると思います。しかし，高学年の子どもたちというのは，自分のできないことよりも，できることに目が向く年頃です。自由を奪われると反発したい年頃なのです。

それならば，一つ一つの禁止事項を伝えるより，何がいけなくて，どこまでなら許されるのか，大枠の判断基準を与え，自分たちでそれに当てはめて判断できるようにするといいですね。

例えて言うならば，自動車の免許を取ったら，「飲酒運転はいけない」と誰もが分かっているわけです。だから，「車を運転する前に，ビールを飲んではいけないよ」「ウイスキーもいけない」「日本酒も飲んではダメですよ」と一つ一つ禁止しなくても自分の判断でいいか悪いか判断できます。

このように，大枠の判断基準を与えることで，一つ一つの行動は判断できることを目指すのです。そうすることで，禁止の指示が減り，子どもは自分で判断する機会が増えます。自分で判断することで，「禁止ばかりされている」という感覚が薄れていくのです。

**成功のポイント** 🖊 **教師への反発を感じたら「禁止への反発」**

### 超えてはいけない時間の枠 ⋯⋯⋯⋯⋯⋯⋯⋯⋯⋯⋯⋯⋯⋯⋯⋯⋯⋯⋯

文化祭のお店の準備など，楽しいことが大好きな子どもたち。

「先生，準備の時間ください」「次の時間準備にしようか」

「まだ終わらないからもう少しやらせて」「じゃあもう１時間だけね」

「先生，時間たりませんよ！」「もうできないよ。授業やるよ」

「えー，けちー！」

時間を次々あげているのに文句を言われる有様です。はじめに枠を与える
とうまくいきます。

> 準備時間は今週中に３時間つくるよ。ここで終わらなかったら休み
> 時間にやることになるからがんばって！　それと，一人でも遊んでる
> 人が出てきたら，もう仕事はないってことだから，授業に切り替える
> けどいいかな。

子どもたちは，時間の中でがんばろうとするはずです。

### 超えてはいけない場所の枠 ⋯⋯⋯⋯⋯⋯⋯⋯⋯⋯⋯⋯⋯⋯⋯⋯⋯⋯⋯

時間の枠と同じように，ここはダメ，ここもダメ，とならないように，何
かするときは「ここからここの範囲でなら，考えて行動していいよ」と与え
る言い方で指示が出せると反発を防げます。

### 超えてはいけない行動の枠 ⋯⋯⋯⋯⋯⋯⋯⋯⋯⋯⋯⋯⋯⋯⋯⋯⋯⋯⋯

最終的には，「人や自分にとっていいことであれば」という大きな行動の
枠をもてるように，成長とともに枠を広げ，無理そうなら狭め，子どもの実
態に応じて教師が与える枠を調節していくことが大切です。

🖐 **これで突破！**

・判断基準を与え，いいか悪いか，判断できる力を身につけよう！

## 3 学級が荒れたら

思いを吐き出せる場をつくる

**学級の荒れは子どもからのSOS！**
**子どもたちが思いを吐き出せる場を工夫してつくろう！**

### 困った場面

**Q** 問題行動を直そうと思っても，だんだん注意を聞かなくなってきました。反発して不満を言ってきた頃はよかったのですが，最近は無視されたり，叱っても笑われたりして，教師を馬鹿にしているようです。

**A** このような状態になると，子どもたちは教師に反発することに抵抗がなくなり，怖いもの知らずのような態度を取ることがあります。本気で怒っている教師に対して，笑って馬鹿にするような態度ですね。

アドラー心理学では，子どもの問題行動には４つの段階があるとしていて，①関心を引く問題行動，②教師への挑戦・権力争い，③挑戦に敗れた復讐，④無気力，と問題行動は進んでいくと言われます。

ここでの困った場面は，③の復讐に突入していると思われます。今までに子どもが小さな反発をしたり，不満を訴えたりするようなことがあったときに，適切に対応できていなかった可能性も考えられます。小さな反発や不満のうちは，怒って抑えることができたとしても，そこで認められなかった思いは少しずつ蓄積し，大きな反発を引き起こすことがあるのです。

このような状態になったら，怒ることに意味はありません。しかし，子どもに気を遣って好きにさせるということではありません。すぐにでも，子どもの思いを聞き，子どもの存在を認めていく必要があります。子どもたちはそれを待っています。

**成功のポイント**🖋 　教師への反発を感じたら「信頼関係の構築」

## 教師と子どもとの関係の中で ·············

　全員と面談する時間はなかなか取れないので，子どもたちに自分の考えを書いてもらうといいです。先生はきちんとみんなの気持ちを読むことを約束します。最初は，反発している子どもは何も書かないかもしれません。それでも，毎週金曜日など，定期的に書く時間を設けると，だんだん本音を書いて来る子どもが増えていくでしょう。返事は，友達同士で見せ合うようなら，書かない方がいいです。口頭で「○○さんが考えていること，書いてくれてありがとう」と伝えるだけでよいでしょう。不満でも，落書きでも，その子のメッセージを吐き出させ，先生が受け取ることを繰り返すことです。

## 子ども同士の関係の中で ·············

　小さなことでも学級のことを自分たちで決めたり，解決したりする時間を設けましょう。「先生がやれと言った」「先生がダメと言った」ではなく，自分たちの学級の雰囲気をつくっていくのは自分たちだという意識を育てていきます。教師への反発から学級の雰囲気が悪くなっている場合，多くの場合学級の仲間関係もよくない状態になります。だからこそ，自分たちの問題として，話し合いをするのです。困ったことを解決する話し合い，または楽しい企画を考える話し合い，どちらでもよいでしょう。

　話し合い活動は全員参加，対等性を重視してください。どの子にも話す時間があることが重要です。「オープンカウンセリング」「クラス会議」などとして，多くの書籍で方法が紹介されています。

👆**これで突破！**
- 反発から来る荒れを感じたら，子どもの思いを吐き出す場を設けよう！

**4**

# しらけていると感じたら

失敗を恐れているのは教師

> しらけている子どもはやることを諦めている。
> 子どものできる力を信じることから始めよう！

## 困った場面

**Q** 特に反発をしてくることはありませんが，子どもたちが冷めています。授業中は発言するわけでもなく静かです。歌も大きな声では歌いません。行事でも特に熱くならないのですが，高学年はこんなものでしょうか。

**A** 前頁で，子どもの問題行動の4段階を紹介しました。実はこの「子どもの反発を感じたら」で紹介されている困った場面の4つの内容は，この4段階に合っています。①関心を引く問題行動，②教師への挑戦・権力争い，③挑戦に敗れた復讐，④無気力，です。そう考えると，子どもたちが何に対してもしらけていると感じたら，「反発をしてこない」のではなく，それは反発の最終形です。

　ですが，立て直せない訳ではありません。

　不思議と，学級の状態がどんなに悪くなっていても，立て直しができる先生がいます。そしてその先生は，怖くてビシッと指導するという雰囲気の先生ではないのです。子どもを信じ，できることを任せ，成長をあたたかく見守れる先生です。

　「荒れていて，子どもにやらせるのは心配」と何かやらせることを躊躇してはいませんか？　高学年の子どもたちは，多くの能力をもっています。子どもを信じて委ねてみませんか？

4
〜
5
月

**成功のポイント**　教師への反発を感じたら「学級立て直し」

いろいろな状態の学級に入ったり，見たりするなかで，効果的だったことをまとめます。

| 段階 | 具体的な子どもの行動 | 効果的だったこと |
|---|---|---|
| ① 関心を引く | ・仕事や当番活動をさぼる。<br>・教師が見ているところで逃げる。 | ・問題行動を追いかけるのではなく，やっている子を認め，励まし続ける。<br>・子どもに仕事を任せて頼り，少しでも適切な行動をしたときに認める。 |
| ② 権力争い | ・禁止に反発し「どうしてダメなんですか」などと主張してくる。<br>・やりたいことを主張してくる。 | ・どうしても譲れない禁止事項は先に伝え，許されることのなかでなら自分たちで考えて行動させる。<br>・先に伝えたルールを破ったら，自由にさせない。基準を変えない。 |
| ③ 復讐 | ・教師を無視する。<br>・教師をからかうような笑いや悪口を言う。<br>・活動を妨害する。 | ・子どもが気持ちを吐き出せる場を設ける。書く，話す，話し合うなど。<br>・怒る，おだてるをせず，思いを受け止める。子どもの思いに共感する。 |
| ④ 無気力 | ・何もやろうとしない。<br>・教育相談に対しても「どうせ言っても無駄」という態度を見せる。 | ・子どもはできると心から信じ，子どもを頼り，小さなことから任せていく。<br>・やらないことを叱責せず，できるチャンスを与え続ける。 |

**これで突破！**
・子どもの問題行動は，子どものSOSだということを忘れない！

# 「牧場主に，俺はなる!!!!」

　「海賊王に，俺はなる!!!!」と言ったのは，マンガ「ONE PIECE」のルフィですが，このくらいの熱い思いがあれば，大抵の望みは叶うような気がします。さて，みなさんはどんな熱い思いで，新しい学年の学級経営に臨んでいますか。

　私は，自分の学級を考えたときに，牧場をイメージして伝えることが多いです。一人一人の子どもをガチガチに縛ることはしませんが，「ここから先に行ったらいけない」という柵の外へは飛び出して行こうとはしない。安全な広いスペースで，それぞれが思い思いに考えて行動している。そんな教室です。

　なぜ，飛び出して行かないのか。「ここから先に行ったら，自分が怪我をするか，仲間が危険にさらされるんだ」ということを理解しているからです。もっと言えば，ここ（学級）が，居心地がいいからです。

　ではなぜ，居心地がいいのか。自由に食べられる牧草が生えていて，ある程度自由な空間がある。そして仲間がいる安心感がある。崖のある向こうへは行ってはいけないというしっかりした柵がある。つまりそれは，環境整備であり，仲間づくりであり，ルールの定着であるのです。

　一人一人に鞭を打って動かそうとすれば，柵から飛び出そうとする子が出てくるのは当然です。ですから，教室環境を整え，チャンスを与え，仲間づくりやルール定着に集中するのです。第2章で述べてきたシステムづくりは，どれも春におさえておきたい内容ばかりです。これができれば，あとは伸び伸びと，子ども自ら個性を発揮していくことでしょう。

# 第 3 章

## ピンチはチャンス！
## トラブルを乗り越えて
## 集団は成長する

**6〜7月**

# 人の目が気になる子には

言葉を交わす機会を増やす

**学級に慣れてきた6月頃にトラブル多発。**
**子どもが困ったときは，成長のチャンス到来です！**

## 困った場面

**Q** 何かギクシャクしているので事情を聞いてみると，「○○さんに避けられている気がします」「悪口を言っている気がします」と言います。喧嘩以前に，思い込みでトラブルに突入しているようなのですが……。

**A** 「こっちを向いて何かしゃべっていた」「自分の名前が聞こえた」というようなことで，想像が大きく膨らみ，不安になるのですね。

不安になると，その仲間の中に入っていかなくなり，担任の目から見たら，様子がおかしいことがすぐに分かるでしょう。そんなときは，妄想が大きく膨らむ前にすぐに声を掛けるのがいいです。

不安になった子どもは，一人で抱えられずに誰かに話すことが多いので，大抵の場合，数名で妄想を膨らませます。「○○ちゃんが△△さんに何か言われてるみたいよ」と。お互いにコソコソと話している状態です。

担任はケロッとして「じゃあ直接聞いてみよう！」とかかわる人たちを集めて話をさせましょう。怒るスタンスで呼ぶと，黙ってしまう子がいるので，笑顔で呼びます。

「先生から見て，お互いに気になっていることがあるように見えたんだけど，何が気になっているのかな？」と柔らかく聞けば，子どもたちは，お互いの気持ちを話すことができます。すると，「お互い，同じようなことを不安に思っていたんだね」となることも多くあります。

**成功のポイント** 🖉 トラブルで困ったら「人の目が気になる子への対応」

## 人の目が気になるＡさんの場合 ‥‥‥‥‥‥‥‥‥‥‥‥‥‥

### 仲の良い子とコソコソ期

　Ａさんは，クラスの男子や他の女子などに，何を言われているか，とても気になるようでした。仲間に入りたい気持ちがあっても，「迷惑だと思うから」などと言って，自分から声を掛けることを避けるところがありました。そのせいか，いつも一緒にいるＢさんと二人で過ごす時間が多くなりました。

### 先生に気持ちを話せる期

　Ａさんが，Ｂさんにコソコソ話をする様子が見られるときは，私も「どうした？　何かあった？」など声を掛けていました。「言ったら解決するかもだから，困ったら話してね」など，声を掛け続けるのです。そのうち，Ａさんは「他の子どもに嫌われている気がする」などの気持ちを話すようになりました。

### 先生と一緒に聞きに行く期

　「じゃあ直接聞いてみようか。先生も行くから」Ａさんと一緒に相手の所へ行きます。でも気持ちを代弁はしません。「Ａさんが心配していることがあるから，聞いてくれる？」と本人に話をさせます。すると相手も「私たちもＡさんが何か言っていると思っていた」など気持ちを伝えることができ，お互いの誤解が解けます。

### 自分で話せる期

　そうしているうちに，「先生，こんなことがあったので，自分で聞いてきます」と言うようになりました。話すことで解決することに気付いたのかもしれません。話してスッキリした方がいいと感じたのかもしれません。

　このように，子どもの「困った」と思う出来事は，その子を成長させるチャンスなのです。寄り添い，解決する体験を積ませてあげたいと思います。

👆**これで突破！**

　・言葉で伝える機会を増やし，妄想を膨らませないようにしよう！

## **2** 友達に合わせて苦しむ子には

別行動を取る勇気を後押しする

> **誰もが一人になりたくない。でも苦しい。**
> **苦しい仲間関係に，ときには離れる勇気を！**

**困った場面**

**Q** 休日の遊び方は，家庭ごとに考え方が異なります。子どもだけで，買い物などに行くのを許可する家庭と，許可しない家庭があります。子どもが友達に「絶対行こうね」と言われ，断ったら仲間からはずされそうで断れないと保護者から連絡が来ました。

**A** このような場面はよく見られます。お祭りに行くとき，遠くに遊びに行くとき，お泊りに誘われたときなど，家庭を巻き込んで悩む事例をたくさん見てきました。小さい子どもなら，保護者の意見が絶対で，「うちはダメだよ」で済んでいた問題かもしれません。しかし，だんだん友達との関係が行動や判断に大きく影響してくる高学年の子どもにとっては，親と友達の間で悩みに悩んで，学校に行けなくなるほどの大問題になったりするのです。

　誘いを断りづらいのは，仲間でいられなくなる不安，一人になる不安があるからです。しかし，ここで忘れてはならないのが，誘っているほうの子も，一人になりたくない不安があるということです。友達と強固な関係をつくりたい。そんな心理から「絶対に行こうね！」そして断られたときに「えー，裏切るのー？」などと言ってしまうのです。

　「お互いに，相手と一緒にいたいから，そんな風に悩むんだよね」と，うまく伝えられない気持ちを代弁しながら，「違う行動を取ることもある。でも大丈夫」とお互いの立場を受け入れる手伝いをしてあげましょう。

**成功のポイント**  トラブルで困ったら「合わせるのが辛い友達関係の対応」

これは実際にあった事例です。子どもだけで遊びに行く計画を立てていました。

> 子どもＡ：絶対にみんなで行こうね。
> 子どもＢ：うち，親に聞いてみないと分からないよ。
> 子どもＡ：えー。なんで？　Ｂさんが行かなかったら私も行かない。
> 子どもＣ：大丈夫だよＢさん。親を説得して一緒に行こう！
> 　　　　　みんなＢさんと一緒に行きたいんだから。
> 子どもＢ：うん……。

休み時間に，計画を立てる様子を聞いていて，Ｂさんが困っている様子は明らかでした。私はＢさんをこっそり呼んで話しました。

> 私　　　：Ｂさん，大丈夫？　困っているんじゃないの？
> 子どもＢ：うち，子どもだけで出かけるのはダメなんですよ。
> 　　　　　だから断りたいんだけど，みんなに迷惑がかかるし……。
> 私　　　：そうか。断れなくて困っていたんだね。
> 　　　　　でもね，大丈夫。友達なら事情を分かってくれるよ。

次の日，Ｂさんの保護者が私に会いに来て言いました。「先生が声を掛けてくれて，うちの子も安心したみたいです。断ってみたらみんなが，また次は行こうねって言ってくれて。ありがとうございました」

別行動でも大丈夫。少しずつですが，勇気をもって成長していく子どもたちなのです。

**これで突破！**
- お互いの気持ちを代弁しながら，別行動を取る勇気を後押しする

# 3 強固なグループ関係には

否定せず学習活動では解体

**気の合うグループがあるのは当たり前。
他の子ともかかわれるか，かかわれないかが重要！**

## 困った場面

**Q** 女子のグループがはっきりと分かれていて，同じメンバーでばかり行動しています。他のグループの子と対立しているわけではないですが，もっといろいろな子とかかわってほしいと思います。

**A** 人間関係が固定化して，グループができていることを問題視する声はよく聞きます。しかし，高学年になれば趣味や遊びも趣向が決まってきますから，気の合うグループがあること自体が問題ではないと思います。学習活動で別のグループの子とかかわることができるなら問題ありません。

問題なのは，そのグループ以外の子と学習活動ができない場合です。

他のグループを敵対視したり，活動を一緒にできない様子が見られたりする場合は，子どもたちが学級集団に不安を感じ，

### グループを強固にすることで自分の居場所を確保している状態

と考えられます。日々の活動の中で，協力できる仲間を増やしていく必要があります。グループ活動や班編成では，普段と違う仲間と活動することを価値付け，意図的に編成していく必要があるでしょう。間違っても，うまく活動ができるように仲の良い子同士を組ませるなどという発想で班編成をしないことです。協働できる力を育てるという視点が必要です。

**成功のポイント** 🖋 　**トラブルで困ったら「強固なグループ関係への対応」**

　学校での活動は，誰とでも活動できるようにする。これはごく当たり前のこととして，常々価値付けていく必要があります。

　かかわることができる仲間を増やすことは，安心感をもって学校生活を送るためにとても大切です。仲間づくりがうまい先生は，特別なイベントだけで仲間を増やしているわけではありません。そこに価値を置く先生は，日々繰り返し，ありとあらゆる場で価値を伝えているはずなのです。

　試しに，私が日々言ってきたことの一部を書き出してみようと思います。

「授業中は誰とでも活動できないとね。誰かを拒否することを許す学級なら，いつ自分が拒否されるか分からない。私はそんなクラス嫌だな」
「班に一人は算数が得意な人，裁縫が得意な人などがいるでしょう？　だからまずは近くの人にきいてごらん？　先生の前に並ぶより早いよ」
「調理の片付けは，班の全員が終わったら作業完了。一人で早く終わっても，終わりじゃないよ。チームで動いてね。その方が早いから」
「その子しか話せなかったら，その子が休んだらあなた不安でしょう？　話せる人がたくさんいた方が，自分が動きやすいんじゃないかな」

　ポイントは価値付けることです。「誰とでも活動しなさい」ではなく，そうするよさや，そうしないことで起こるリスクを伝えていくのです。

　遠回りに思えるかもしれませんが，グループを解体したいと思ったら，グループを否定せず，他での人間関係をつくっていくしかないのです。他でも受け入れてもらえると分かれば，自然とグループの垣根は低くなっていきます。少しずつですが，勇気をもって成長していく子どもたちです。

🖐**これで突破！**
- 仲良しグループを否定せず誰とでも活動できる仲間づくりを進めよう

# **4** 強固な上下関係には

効果を発揮する教師の独り言

**子どもの目線で人気者，強い者が決まっていたら
教師が別の価値を与えていこう！**

## 困った場面

**Q** 何かを決めるときに，人気者のAさんの意見にみんなが流されてしまいます。多数決では，Aさんの意見に賛同する形になり，みんなAさんに気に入られたいような様子が見られます。

**A** 人気者に近付く心理は，「有名人と知り合いなことが自慢」「アイドルの真似をする」と似ています。近付くことで自分の価値も高まるような気持ちになるのです。そこには，自信のなさが隠れています。自分自身が認められれば，誰かに無理に近付こうとする（同一化）必要はなくなるのです。

私はよく，目立たない，ちょっとマニアックな趣味をもった子たちを「〇〇さんって，こんなこと好きなんだねえ。面白いねえ」「〇〇さん，ちょっとこれ教えてよ」などと言って表舞台へ引き出していました。

担任が面白がることには子どもも興味をもちます。だから，おしゃれで活発な女の子や，スポーツ万能でユニークな男の子だけがヒーローになる可能性をもっているわけではないのです。

「〇〇さん，面白いよねえ」「実は，すごいよねえ」という教師のつぶやきは，子どもの注目をそちらに向けることに有効でした。独り言のように，雑談の中で言う方がいいのです。

いろいろな価値があれば，場面によって目立つ子が変わります。各教科，イベント，給食，休み時間，などで上下関係が変わればいいのです。

**成功のポイント** トラブルで困ったら「強固な上下関係への対応」

6年生の担任をしたとき，保護者と話をする中で，こんな話を聞いたことがあります。

「女子の中には，第1軍，第2軍の子たちがいるんですよ。うちの子は自分で2軍だって言ってます」また，

「お泊り会をしたり，休日に出かけたりしているたちは，親も仲がいいんですよ。ちょっと派手というか……。子どもが仲間に入りたくても，私がそのお母さんたちと交流がないから難しいんですよ……」

親も巻き込んで悩ましい問題です。あえてはっきりと言いますが，そのこと自体を担任が解決するのは，無理です。

担任としてできるのは学級経営の中での解決ですから，他の子が目立つ場をつくることや，他の価値を高める活動を行って目立つ子が偏らないように心がけることです。

---

○マニアッククイズ大会をしよう！

　鉄道に詳しい，本に詳しい，アニメに詳しい，その他いろいろ。

　「詳しいんだねえ，せっかくだからイベントしようよ！」と担任がワクワクしてイベントにもっていくと，うまくいきます。

　そして，興味をもつ子が増えていきます。

○得意なことを把握し，頼る

　「この計算，そろばん1級の○○さん，お願い！」

---

日頃から，子どもの興味に関心をもっていると，様々な場で引き出せます。

**これで突破！**

・新しい価値を子どもに与えるには，教師が興味をもち面白がること

## 5　喧嘩が起きたら

謝罪より大切なのは折り合いをつけること

**「ごめんね」「いいよ」で本当にいいの？
形式的な謝罪では，何も成長しない**

### 困った場面

**Q** ドッジボールのチーム分けで喧嘩が起こってしまいました。2つのチームが同じ強さになるように，自分たちで相談して分けていたのですが，意見が対立して，うまくいかなかったようです。喧嘩しないで相談するように言ったのですが……。

**A** まず，意地悪やいじめと喧嘩は別です。強い者が弱い者に一方的に攻撃したら，いじめになるでしょう。また，一人が怒っても，相手が大人で「よしよし，わかったよ」となだめれば喧嘩になりません。つまり，喧嘩は対等な関係でこそ成立すると言われているのです。喧嘩は思いと思いのぶつかり合いですから，成長のチャンスです。だから私は「喧嘩をしてはいけない」という指導はちょっと危険かな，と思っているのです。

　喧嘩が起こると子どもたちは先生を呼びに来ます。そこで先生がはりきって仲裁に入り，「ちゃんと謝りなさい」「ごめんね」「いいよ」と処理するのも危険です。子どもは小さい頃から大人に「謝る」指導をされているようで，「謝ってもらったからもういいよ」と言う場合もありますが，「本当にいいの？」と聞き返したくなります。

　喧嘩したら，お互いが嫌だったことを伝え，どう折り合いをつけるのか，考える。それが価値のあることではないでしょうか。喧嘩をして別の価値と折り合いをつける経験をする。喧嘩を成長のチャンスにするのです。

**成功のポイント** 🖊 トラブルで困ったら「喧嘩の対応」

では，チーム決めの場面を想定して，喧嘩の処理を再現していきましょう。

---

子どもＡ：強い人と，弱い人を同じ人数くらい入れていこう。

子どもＢ：いいね。じゃあまず，強い人はＥさんとＦさんと……。

子どもＣ：弱い人はー，自分は弱いって人いる？

子どもＡ：Ｄさんは弱いよね。あとは，誰がいるかな？

子どもＤ：じゃあ俺たち同じチームになろうぜ！

子どもＡ：え？　勝手に決めないでよ！　一緒になりたいだけじゃん！

子どもＤ：強いＥさんと弱い俺が一緒になるんだから問題ないじゃん！

子どもＢ：自分がＥさんと一緒になりたいだけじゃん！

子どもＤ：結局自分たちで決めたいだけじゃん。もうやってらんねー！

---

それでは，こどもたちの話を聞いていきましょう。

---

教　師：Ｄさんが嫌だったことは何だったの？

子どもＤ：強い人と弱い人が一緒になるのにダメって言われて，それに勝手に弱いって言われてムカつくし。

教　師：そうか。弱い方に勝手に入れられたんだね。それも嫌だったんだね。

教　師：Ａさんは何が一番頭に来たの？

子どもＡ：自分で好きな友達と勝手に同じチームになるから。

教　師：そうか。じゃあどうやって決めたらよかったのかな？　２人ともいいアイディアを考えてみて。Ｄさんはどう？

---

このように聞きながら，問題を明らかにし，解決法を考えます。

✋ **これで突破！**
- 喧嘩が起きたら，お互いの気持ちを伝え合い，折り合いをつけよう！

6〜7月

## **6** いじめが起きたら

行為のみを毅然と否定する

---

**その行為は，誰がやっても許さない。**
**理由があってもしてはいけないことがある**

---

### 🐨困った場面

**Q** 仲間はずしがあるようです。はずされている子は，以前は一緒に行動する仲間がいました。最近はクラス全体が，その子を避けているようです。その子に「大丈夫？」と聞くと，「大丈夫です」と答えます。

**A** 被害者の子どもが大丈夫と言っているからといって，放置することだけは避けましょう。すぐに子どもたちに事情を聞き取る必要があります。

聞き取るときは，加害者に対し，

・私が見ていて変だと思ったから，聞く。
・あなたの味方をしたい，助けたいと思うから，聞く。

というスタンスで話し始めると，相手が話を受け入れやすいです。そして，見ていて，仲間はずしをしているように見えるが，どんな状態なのか，何か原因やきっかけがあったのか，などを聞き出します。聞いた上で，

気持ちは分かった。でも今やっている行動はしてはいけないことだ。

ということをはっきりと伝えます。まずは，この指導をしっかりと行います。ここでいじめが解消すれば，これでよいです。この指導の後，もし継続したら，行為を見た瞬間，即座に厳しく本気で怒ります。

**成功のポイント** 　トラブルで困ったら「いじめの対応」

　「あれ？　おかしいな」と思ったら，そのときが話を聞くタイミングです。急に怒鳴ると，うまくいきませんので，一度話を聞き真剣に落ち着いて指導します。しっかりと「いけない」と指導したことが継続したときは，どんなに厳しく感情を出して怒っても，子どもは反論しません。「今のは，おかしいよね？」「それは，許さないよ」と即座に厳しく止めます。

　また，一人でいてもいじめではない場合や，本人が「大丈夫」と言ってもいじめとして指導が必要な場合があるので，下記を参考にしてください。

6〜7月

---

○話を聞いた結果いじめとして指導しない場合

・一人でいる子が，他の複数の子を避けている場合。

　子どもA　　：今あのグループにいるのが苦しいんです。

　他の子ども：Aさんが，誘っても来なくなって，私たち何かしたのかな。

という場合です。お互いの気持ちをよく聞いておきましょう。

---

○大丈夫と言われてもいじめとして指導する場合

・本人が笑っていても，明らかに集団から一人へのからかいがある。

・ペアを組む活動で，相手を探そうとしない子がいる。

・周りは「○○さんがいいって言うから」と言い，本人も「いいんです」と言い，痛みを伴うことや恥ずかしいことをさせられている。

・やっている子が「遊びです」などと悪気がないことを主張する。

---

**これで突破！**

・いじめは，確実に指導し，その後継続したら，本気で怒る

## 7 登校渋りが出たら

保護者の不安を聞きに行く

**友達の手紙や担任の電話はあまり効果なし！
保護者が送り出そうと思えるかどうかが鍵**

### 困った場面

**Q** GW明けくらいから，時々欠席していた子どもがいて，ついに何日も連続して欠席するようになりました。欠席の理由は，体調だったり，友達関係だったりと，毎回変わってはっきりしません。

**A** 私は生活指導主任として，たくさんの不登校傾向の子どものご家庭に訪問させてもらった時期がありました。そこで気が付いたことは，かなりの確率で，保護者が子どもを学校に行かせることに不安をもった時点で，本当に学校に来なくなるということです。

1日の欠席であれば，他の理由があったとしても「体調不良」と連絡する場合が多いです。しかし，朝調子が悪いことが何回か続くと，さすがに親も「学校で何かあったんじゃないか」と子どもを問い詰めるわけです。すると子どもは「実は嫌なことを言われて」とか話すわけです。

そこが一つの分岐点なのですが，「そっかあ，それは嫌だったね。明日友達と話してみたら？　勇気が出なかったら先生に相談する？」などゆったりと子どもの話を聞いて，解決していく場合もあるのですが，ここで保護者の不安が大きくなると，子どもはさらに不安定になっていきます。

だから保護者のせいだと言うのではありません。学校は保護者の不安を聞き，保護者に寄り添い，安心してもらうことや，信頼してもらうことに尽力するのです。小学校に子どもを通わせているのは，保護者なのですから。

**成功のポイント** 🖋 トラブルで困ったら「登校渋りの対応」

　すべての登校渋りが同じ経緯をたどるわけではありません。しかし，保護者の不安が解消するとともに解決に向かうケースも多くあることを踏まえて，2つの事例を紹介します。

---

　Aさんは，話す相手はいますが，気の合う人がなかなか見つかりません。友達に避けられていると感じ，3日間欠席が続きました。家庭訪問をすると，家では「私嫌われているから」と話していたようです。母親は，「それなら，行かなくていいよ」と言って休ませたそうです。

　両親は面談をしながら，学校でAさんが「私，嫌われてるよね？」などと言って友達を困らせてしまうことがあったこと，気の合う友達を時間をかけて見つけていけばいいことなどを納得し，翌日は学校へ送り出してくれました。連絡帳には，「先生に相談してよかったです。私も過保護になっていたかもしれません。先生と話したように，焦らず気の合う友達が見つかるといいなと思います」と書いてありました。

---

　Bさんは男子から容姿に関する悪口を言われて学校を休むようになりました。保護者は何度も学校に相談に来ました。周りの子どもや担任のことも責めていました。「学校に行けなくなった」「学校に行けるようにしてほしい」と言いつつ，学校に対し一番不信を募らせ，行かせる気にならなかったのは保護者だったのでしょう。翌年，担任が交代するとその子は登校するようになりました。新しい担任と保護者は春休みからよく連絡を取り合い，信頼を得た結果，学校へ送り出そうと思ってもらえたのだと思います。

---

### 🖐 これで突破！

・登校渋りで困ったら，保護者の不安を受け止め，寄り添う教師であれ！

## 8 SNSのトラブルには

face to face の価値を知る

> **SNSでのモラル指導は必須。**
> **プラス直接対話の力をつけて，話せる子どもに**

---

### 困った場面

**Q** 携帯電話やゲーム機の通信機能で，メッセージをやりとりしている子がたくさんいます。たまに悪口などのトラブルがあるのですが，学校でのことではないし，指導に限界を感じています。

**A** 今の時代，SNSのトラブルは必ずといっていいほど起こる問題です。それだけに，携帯電話会社や，警察などが，SNSの使い方に関する学習会を幅広く開催しています。依頼すれば学校で保護者や子ども向けに講習会を開いてくれますので，利用している学校も多いのではないでしょうか。

また，道徳の副読本などでも，SNSの使い方に関する資料が載っていて，情報モラルに関する指導は，すでに十分行っていると思います。

その上で，学級の中でどのように子どもを育てていくことができるかを考えたいと思います。

SNSでトラブルになる場合，やはり顔が見えないことが大きいです。友達の言葉に，嫌だなと感じたまま登校して，気まずい空気が漂います。

そんなときは，単純ですが直接話してみることなのです。言いたかったこと，感じたことを直接伝えるのです。そして，こんな嫌な気持ちになるなんて，SNSで何か言うのは難しいと，肌で感じることです。「話せば分かる」は本当です。子ども同士でうまくできなけば，先生が立ち会って，話す時間をもちましょう。モラル学習だけでなく，感じることで学びます。

**成功のポイント** トラブルで困ったら「SNS トラブル対応」

○情報モラルの学習によく含まれている内容

・メールでのやりとりで，送る側と受け取る側で，勘違いが生じること。

・送ったメッセージは，消せないこと。

・SNS に載せたのが誰なのか，調べれば分かること。

・誹謗中傷や，脅しなどは罪になること。

・出会い系サイトなどでは，相手が自分の情報で嘘をついていることがあること。

・個人情報や写真を気軽に載せると，自宅まで特定できること。

など，リスクに関する学習が多いです。それは必須の内容ですが，それだけだと，子どもたちの興味は，規制を超えてしまうことが常です。

では，規制ではない「リスク回避」の方法は何か。それは，「SNS よりいい方法」を知ることです。

「直接話したら解決したじゃん」という経験を積ませればいいのです。

ゲームは子どもたちに浸透していますが，病的にはまる子どもと，はまらない子どもの違いは，他に好きなことがあるかどうかが大きいです。サッカーや野球が好きな子どもはスポーツにかける時間も多く，ゲームが好きでもゲームだけにはなりません。だから，「メールも楽しいけど，直接集まって話す方が楽しい」「メールは勘違いが起きるけど，直接話せば安心できるよね」と感じることが大切なのです。

**これで突破!**

・SNS より楽しい face to face のやりとりを増やす！

## **1** 係活動を見直す

相互評価とイベントで巻き返し

> **ほとんど仕事をしていない係があったら，**
> **相互評価をしながら，アイディアを出し合おう！**

### 困った場面

**Q** 係の活動は，毎日やっている係もありますが，あまり仕事をしていなくても日常生活にあまり問題がない係もあります。仕事をしていないのは分かっていますが，指導しないまま時間が過ぎています。

**A** 係活動は，クラスを楽しく，過ごしやすくするために始めたはずです。しかし，時間が経つと，やらなくても日常が安定してしまい，仕事をしないまま停滞する係も出てきます。担任が指導しないままになってしまうということなら，学級活動を１時間使って，係の相互評価をしましょう。

まずは，係ごとにメンバーで集まって，２か月間の振り返りを行います。よくできたこと，できなかったこと，これからしたいこと，の３つを書き出せばよいでしょう。

すべての係がこれを発表し合います。そして，学級のみんなから意見をもらいます。どんなことをしてほしいか，という希望やアイディアを出し合える時間を設けましょう。

最後に，自分たちの振り返りと，貰ったアイディアをもとに，夏休みまでに実行することを決めます。すべての係が一つイベントを行うということでもよいでしょう。

活動が再び動き出したら，「係のイベントを行いました！」など学級通信で発信すれば，子どもたちも喜びます。

**成功のポイント** 🖊 **活動が停滞していると感じたら「係活動」**

　係活動は学期ごとに担当を変えることが多いと思います。学期の終わりに係活動の反省として，自分のできたことやできなかったことを自己評価させることはよくあります。しかし，学期の途中で相互評価をすれば，できたかどうかだけでなく，改善することを考えるようになり，一人一人や学級全体が成長する機会となります。

　振り返りのツールには，様々なものがありますが，各種研修でよく使われているシートを2つ紹介します。高学年の子どもたちも上手に使います。子どもたちにもこのような視点で話す習慣があると，改善を見通した話し合いが上達すると思います。

○ KPT による話し合い

| Keep | Try |
|------|-----|
| Problem | |

K：できたこと。継続する事。
P：できなかったこと。問題。
T：今後やってみること。改善すること。
※改善を重視して話し合いやすい。

○ YWT による話し合い

| Y | T |
|---|---|
| W | |

Y：やったこと。
W：分かったこと。
T：今後やってみること。
※成果や学びを重視した話し合いができることが利点。

🖐 **これで突破！**

・学期の終わりの反省でなく，途中で見直しをしよう！

# 2　教室環境を見直す

子どもの成長に合わせて軌道修正

**掲示物は，成長の軌跡を残し，
子どもの実態に合わせて目標設定を更新する！**

## 困った場面

**Q** 　5月の運動会が終わって，中だるみです。暑くなってきたことも
あり覇気がなくだらだらと行動している姿が目立ちます。これ
といって大きな問題はないので，このまま見守ればいいでしょうか。

**A** 　教育関係の書物によく「魔の6月」という言葉が出てきます。学校生
活にも慣れ，大きな行事が終わり，担任も緊張感がなくなってくるこ
の時期は，危険な時期と言えるでしょう。

　大切なのは，行事の後に気持ちを下げないことです。山を登って降りるよ
うに，盛り上がって，下がってしまってはいけないのです。階段を上るよう
に，一つ上って，また次の段へ上っていくように意識します。

　そこで，教室の掲示から見直しましょう。

　まずは，春からの成果を掲示します。運動会の集合写真や，学級イベント
の写真などです。行事が消えてなくならず，「これがんばったな」という軌
跡が残ります。そして，クラスで決めたルールや短期目標など，できるよう
になっていたら，花丸を付けるなどして，端に動かします。そして，新たな
すこし高い目標や，次に目指す姿を掲示します。ここまでできて，次はここ
へ向かうということが分かる教室にするのです。

　すでにできるようになったことが，ずーっと同じ位置に貼ってあると，誰
も意識しなくなります。教室も更新が必要なのです。

**成功のポイント**　活動が停滞していると感じたら「教室環境」

　自分でやっていて思うのですが，教師が本気で「こんな姿になって欲しい！」と願って実践し続けたことは，学級が始まって2か月くらいで本当にできるようになるものです。「魔の6月」は，教師が新たな目標設定を行わない結果ではないかとさえ思います。

　私はグループ学習でかかわり方のルールを示し，より充実した対話的授業となるよう4月から取り組むのですが，当初求めた姿は，2か月でできるようになります。それで満足するとなぜか後退します。だから，自分が目標を再設定するようにしています。2018年度の掲示の軌跡を紹介します。

**①話し合いのルール**

・全員参加，輪番発言。

・最後まで聞く，反応を返す。

・否定しない。まず聞く。

**②広げる話　→　絞る話**

・出すときは否定せず全部出す。

・出尽くしてから意見を言う。

・理由をつけてよいものを選ぶ。

**③時間いっぱい考える**

・与えられた時間いっぱい話す。

・もっと意見はないか，など質問をし合い，考える。

**④ THE 質問力！**

・相手が考えを深める質問をする。

・なぜそう思ったの？

・一番大事なところはどこ？

など

　当たり前になったら掲示を横へずらし，次の目標を目立つところへ貼りました。この内容は一例ですが，どんな掲示でも，当たり前になったら更新するとよいでしょう。

**これで突破！**

・教室後方には思い出や軌跡を，前面に今の目標を掲げよう！

## **3** 授業を見直す

体を使う

---

**授業が盛り上がらないと感じたら，
気付けばずっと座らせているかもしれない！**

---

### 🔖困った場面

**Q** 授業が盛り上がりません。挙手する子どもが決まってしまって
います。春の頃は，もっとたくさんの子どもが手を挙げていた
と思いますが，高学年になるとだんだん挙手も減るのでしょうか。

**A** 先生が質問したり，答えを求めたりしても，反応しない子どもが多く
なったということですね。子どもの反応が薄いと教師は焦って説明を
重ねることがあります。先生がたくさんしゃべって，子どもが静かになって
いくというパターンです。

　先生ばかりが一生懸命になって，説明ばかりしていませんか？　よく考え
たら，45分間何も話さずに子どもは座りっぱなしではありませんか？　そう
思ったら，停滞してきているのは，先生の授業です。

　まず，身体を動かしましょう。活動に変化がないと飽きてしまいます。立
って音読するだけでもよいです。3人に発表したら着席，など動いて交流す
る活動でもいいです。全員とじゃんけんするだけでもいいです。「答えたい
人は手を下げて」と挙手と反対の事をする1日にしてもいいです。

　考え込んでいても何も思いつかなかったのに，散歩中やお風呂の中でいい
アイディアが浮かぶことはありませんか？　体がほぐれたりリラックスする
と頭もよく働きます。動く活動を考えてみてください。

**成功のポイント**  　**活動が停滞していると感じたら「動く授業」**

　体を使った活動は，変化がある，楽しい，参加した感じがある，などメリットがたくさんあります。小学校で，外国語活動の授業が好きな子が多いのも，歌やチャンツ，ゲームやインタビューなどのアクティビティが多いからだと思います。

　動きのある授業は，授業が停滞し，子どもたちが下を向いていると感じた時にその空気を打破するためにとても有効です。停滞を感じたら，先生が勇気を出して，1日に1回くらい，子どもを動かす活動を取り入れてみるとよいです。何も準備しなくてよい，すぐにできる活動を紹介します。

### ステップ1　自席で動く

・全員起立，先生とじゃんけんして負けた人は座ります。一番勝ち残った人からスタートで，座席の順番に音読をします。
・手を挙げるだけのゲーム。「今日6時までに起きた人！」「ごはんを食べた人」「あるいて登校した人」「11歳」「12歳」「算数好きな人！」など，どんどんお題を出して，子どもたちは手を挙げるアイスブレイクです。

### ステップ2　席を離れて動く

・算数の問題を解いたら後ろで答え合わせをします。3人以上集まって同じ答えなら○にします。
・意見を交流し合い，相手の意見を聞いたらノートにサインをします。

### ステップ3　教室を離れて動く

・班で調べ学習をします。校舎の縦と横の比を確かめにグラウンドへ，風の流れを調べに紙テープをもって校舎内を歩く，などです。

**これで突破！**
- 授業が停滞してきたら，体を動かし，心も体も頭もリラックス

# 1 保護者会でどう話す

子どもの課題を成長過程として伝える

**ピンチはチャンスと思っている先生なら話せる。
トラブルを乗り越え，成長した姿**

## 困った場面

**Q** 夏休み前に学級懇談会があります。6・7月にはいろいろな問題が起きたので，その説明もしないといけませんが，どんな質問を受けるか考えるだけで気が重いです。

**A** ピンチはチャンスです。先生にとっても，この懇談会を乗り切ることは，保護者の信頼を得るチャンスかもしれません。先生が，トラブルの数々を問題とだけとらえているか，成長につながったととらえているかで話し方は変わります。ぜひ，トラブルを通して子どもが成長したこと，または成長過程であることを伝えてください。

　資料を用意する場合は，「できたこと（成果）」と「できていないところ（課題）」が書かれているかもしれません。それを説明する際には，1年間の学級経営のプランとともに話ができるとよいです。

　学級経営案とともに話すと分かりやすい理由は，成果と課題について，今年度目指す姿のここまで達成して，ここはこれから伸ばしていきたい部分，などと話せるからです。

　成果と課題が，子どもの「いいところ」「悪いところ」という伝わり方になってしまうと，どうしても悪いところに注意がいきます。子どもは成長過程の中にいることを伝えましょう。

**成功のポイント**　課題を成長につなげる「保護者会の話」

　例えば，生活面において目指す姿が「自分で善悪の判断をし，異なる考えを認め合いながら，よりよく生活するために他者と折り合いをつけて納得した答えを出そうとする子ども」だったとすると，「1学期の姿では，ここまではできていて，ここはこれからです」という話をします。

　また，「喧嘩で話し合いを重ねるうちに，違う意見でも聞いてみようとする姿が多くなってきている」など，トラブルに対する対応を続けてきた結果として，子どもが成長していることを伝えます。

　トラブルの報告を恐れることはありません。むしろ，トラブルに対応して子どもを成長へ導いている先生は信頼されます。そうすることで，保護者と担任の間に，小さなトラブルが起きてもあたたかく子どもたちを支える協力体制ができていくのです。

段階的に身につけてほしいかかわり方の課題

○友達に気持ちを伝える。
○困っている友達に声を掛ける。
△友達と違っても不安に感じない。

○誰とでも学習活動が行える。
○自分のいいところが言える。
△自分で決めて行動する。

△違う意見のときに折り合いをつけて答えを出す。
△いじめなどの誘いをきっぱりと断る。

○：達成した課題 / △：未達成の課題

**これで突破！**

・トラブルのマイナス面だけを伝えない。トラブルを乗り越えて成長した姿を保護者に伝える

## **2** 夏休みの宿題は何のため？

追究する力・自主性・計画性

> どうして夏休みの宿題があるのか。
> あなたならどう答えますか？

**困った場面**

**Q** 夏休みに出す宿題は，どんなものがいいのでしょうか。周りの先生方と同じような内容を出していますが，たくさんドリルをやらせても，夏休みにどれだけ力がつくのか疑問です。

**A** 夏休みには，1学期のまとめができるワークブック1冊と自由研究，読書感想文などが定番でしょうか。絵や日記など，もっとたくさん出す学校もあるかもしれません。その課題をこなすことで，1学期よりも学力がつくということは考えにくいと思います。

　私が夏休みの宿題で身につけてほしい力は別にあります。それは，追究する力，自主性，計画性です。

　興味・関心を追究するような課題は，日頃の宿題ではなかなか出せません。長期の休みだからこそ，時間をかけて試行錯誤しながら取り組むことができます。科学研究，工作，発明工夫，図鑑づくりなど，どれも自分の興味・関心を追究するいい機会となります。

　自主性は，夏休みの課題を自分で進め，分からなければ調べ，自主学習を進めることで，育ちます。自分でやるからこそ，達成感も得られます。

　最後に計画性です。たくさんの宿題を夏休み中に終わらせるには，計画的に進めないといけません。このように，課題をこなすことを通して，大切な力を身につけているのだと思います。

**成功のポイント**　　**課題を成長につなげる「夏休みの宿題」**

　おすすめなのが，ノート１冊を使って自由に学習するという宿題です。夏休み明けにノートの展示会をすると言っておきます。学習用ノートは30枚，60ページあります。１日２ページやると，夏休み１か月で１冊使い切る丁度よい枚数なのです。自主的に，計画的に，興味を追究することができます。ノートの裏表紙にこの紙を貼り，やることの参考にします。

**夏休み自主学習ノート　こんなことをしてみよう！**

１日２ページ進むと30日で１冊終わります。計画的に進めよう！

□漢字練習

□計算ドリルの問題・教科書の問題

□理科・社会の教科書まる写し

□日記・旅行記

□歴史人物調べ

□読書記録（本の題名・作者・感想などを書く）

□新聞スクラップ（興味ある新聞記事を貼り，感想を書く）

□データ調べ（興味あるもののデータを調べ，グラフにする）

□○○図鑑（花や貝など，集めたものの名前や特徴をまとめる）

□お話づくり（自分で物語をつくってみる）

□料理記録（作った料理の写真やレシピ，感想などを載せる）

□観察日記（植物や動物の成長の様子を詳しくまとめる）

※上記の他にも，自分で興味・関心のあるものに取り組もう！

**これで突破！**

・興味・関心を追究できる課題でワクワクさせよう！

6〜7月

## 3　通知表での伝え方

結果より過程，事実より解釈を

**保護者に「そんなこと大体分かってるわ〜」
と言わせない！**

### 困った場面

**Q** 通知表の作成が憂鬱です。ワークシートやノートを集めて，所見を書きますが，正直，あまり印象に残っていない子どももいます。管理職には，もっと保護者がもらって嬉しい所見を書くように言われます。

**A** これは，実際に聞いた保護者の立ち話です。私の学校の保護者ではありません。私が息子の習い事を待つ間，いろんな学校のママさんたちが集まって話していたリアルな声です。

「通知表って，私たちが子どもの頃と違って先生の手書きじゃないよねー」
「だから，ほんとにうちの子に書いたの？　って感じ」
「そうそう，誰にでも当てはまるようなことで，コピペ？　みたいな（笑）」
「悪いことも書いてないし，当たり障りない文章だもんね」
「まあねー。うちは先生がほめてくれてると，喜んでるけどねー」

　「分数の割り算が正しくできるようになりました」これは結果で事実ですが，誰にでも当てはまりそうです。保護者が分かっていることでもあります。担任しか知らない，できるようになるまでの過程，行動の価値付け，担任の解釈をたくさん盛り込んで，保護者に「そうだったのね〜。先生，親より子どものいいとこ分かってくれてるわ〜」と言わせたいものです。

**成功のポイント**  課題を成長につなげる「通知表」

では，事実だけの文に，過程と解釈，価値付けを加えると，どんな文章になるでしょうか。

> 分数の割り算が正しくできるようになりました。

> 分数の割り算では，計算の仕方を理解できるまで根気強く練習し，正しく計算できるようになるととても嬉しそうに，授業で挙手していました。意欲的に，どの教科でも力を伸ばそうとしていて素晴らしいです。

このように書くと，保護者は「先生よく見てくれてるわ〜」と思います。子どもの成長が書かれていることと，担任が自分の子どもをよく観察し，認めてくれていることに喜びと安心感をもつのです。

結果でなく，過程や解釈ですから，苦手なことやマイナス面も伝えられます。

> 友達とのかかわりでは，自分の考えを強くもち，意見が対立することもありましたが，話し合い活動を重ねるうちに，友達の意見を聞く姿が増え，相談しながら物事を進める姿に大きな成長を感じました。

こう伝えることで，マイナス面も成長過程として前向きに伝わります。このような所見を書くためには，日頃から教室で子どもに興味をもって観察するくせをつけるとよいです。多くの数値的な評価を集めるよりも簡単です。

**これで突破！**
・結果より過程，事実より解釈を書き，子どもの行動を価値付けよう

6〜7月

## **4 夏休み前日の担任の話**

なんだかんだでみんな好き

> **教室で先生はみんなの成長を待ってるよ！**
> **「いってらっしゃい」という気持ちで送り出す**

### 困った場面

**Q** 終業式の日は，今日から1か月子どもたちと会わなくなるという日になりますが，どんな話をするといいでしょうか。交通事故に気を付けようとか，規則正しく過ごそうとか，そんなことしか思いつきません。

**A** 終業式の日は意外と忙しいですが，バタバタと子どもを下校させるのではなく，短くても落ち着いて話ができる時間をつくりましょう。

1年間には，いくつかの節目があり，その節目をしっかりと締めくくってきたか，なんとなくバタバタと過ぎてしまったかでは，子どもたちの意識に残るものが全く違うのです。

話は変わりますが，児童生徒の自殺が一番多くなるのは，9月1日，夏休み明け初日だというデータがあります。子どもたちは教室へ行きたいと思えなかったのでしょうか。学校が始まる日に学校に足が向かない。それはとても悲しいことです。

心理学に「ピークエンドの法則」というものがあり「終わりよければすべてよし」と似ていますが，絶頂期と最後の印象が強く残るというものです。1学期の間，大変だったことも，学習でつまずいたことも，そしてたくさんのトラブルもあったかもしれません。それでも終業式で「いろいろあったけど，みんなよくがんばってこんなに成長した。先生はみんなが頼もしいよ。2学期もここで待っているよ」と伝える意味は大きいのではないでしょうか。

## 成功のポイント　課題を成長につなげる「担任の話」

私はこんなことを伝えます。節目には語る方がいいようです。

### 通知表について

　Aがいくつ，Bがいくつと見るのもいいけれど，先生が書いた文章もよく読んでください。みんなのがんばっている姿や，成長したところ，いいところをできるだけ書くようにしました。でもそれはほんの一部です。みんなにはもっとたくさんのがんばったことがあったと思います。読んで自分のいいところを知ってください。それから，先生はいつもみんなをよく見てるんだなってことも知ってください。

### 1学期について

　1学期はいろんなことがありました。怒ったこともたくさんありました。でも，だから失敗した，ダメだったということではありません。みんなが何かあるたびに，よく考えて，改善して，心と頭を使っている姿を見ていて，私はいつも頼もしく思っていました。失敗しないためにはチャレンジしなければいい，でもみんなはたくさんチャレンジして，失敗もして，だから成長したんですよ。

### 夏休みについて

　明日から夏休みです。みんな，自分を大切に過ごしてください。
　命の危険があること，心に危険があること，危ないと思ったらやめる勇気をもってください。2学期に，全員揃うことをここで待っています。

### これで突破！
- 注意は心配に置き換えて成果とともに伝え，好印象で送り出そう！

6〜7月

## コラム 2　その行動，点で見るか，線で見るか

　子どもの行動を点でなく，線で見ることができるか。その行動の意味は何か，語ることができるか。これはある6年生男子のお話です。

　Aくんは，ちょっとかわった男の子，と近所では言われています。教室では遊ぶ友達はいますが，一人でも別に平気です。好きな遊びはゲームで，ゲームの話をよくします。お母さんは「友達が家に遊びにくるけれど，それぞれゲームで遊んでいて会話もないんですよ」と心配されていました。さらに，Aくんが周りの人をあまりにも気にせずマイペースに行動することや，好きなことへのこだわりが極端に強いことから，発達障害を疑っていらっしゃいました。

　そんなAくんが学期末の大掃除のときに，廊下で泣いています。「みんなで大掃除しよう」と誘っても首を振って入りません。よく聞くと，「Bくんと一緒に掃除したかったのに仲間に入れなかった」と言って泣くのです。

　私は，Aくんは変わった！　と思いました。今まで一人でも平気，迷惑を掛けても平気，「こんなことしたら嫌われちゃうよ？」と言っても，「別にいいよ」と言っていたAくんが，仲間に入れず泣いたのです。

　私はお母さんへの面談で，「仲間意識が育ってきた。こんなことで泣くことなんてなかった。これから人が嫌がることはしない，という価値が入っていくと思う」と話をしました。お母さんも「確かに変わりましたね！」と喜んでいました。

　「仲間に入れず泣いている」この事実を担任と保護者は喜んで話しているのです。これが，点でなく線で見てこそ見えてくる，行動の意味なのです。トラブルを成長へつなげ，先生方がいい夏休みを過ごされることを願います。

# 多忙感と充実感の
# 分かれ道!
# 体の前に心を動かす

9〜10月

## **1** 持久走大会に向けて

昨日の自分がライバル

**苦しい印象が強い持久走。
人と比べない目標で，気持ちを支える**

### 困った場面

**Q** 持久走大会を嫌がる子が多いです。体育で持久走だと，見学する女子が何人もいて，無理に参加させるわけにもいかないので困っています。なんとかがんばって参加してほしいのですが，どうしたらよいでしょう。

**A** 持久走は，喘息や心臓疾患があると走れないこともあり，事前に参加の可否を保健調査票で確認する学校が多いと思います。そこで保護者の了承が得られていれば，基本的には筋肉痛でも，走ったことによる腹痛でも，参加させていいはずです。

それでも，体育の時間になると「お腹が痛い」「足が痛い」など訴えてくる子が後を絶ちません。そんなときは，「それは病気じゃないから，見学はしなくても大丈夫だよ」と参加させます。注意せず，明るい声で，参加するのが当たり前という顔をして言えばよいです。

「走れません」というのは，「自分のベストで走れません」という意味ですから，自分のペースで，ゆっくりでいいから参加しましょうと促します。「ああ，見学できないんだな」と悟った子どもたちは，しぶしぶ参加します。

タイムをはかったら，順位ばかり気にせず，昨日より速くなったかどうか，昨日の自分の記録と比べる習慣をつけます。最後尾の子どもであっても，タイムの伸びがあれば，大いにほめることができます。

**成功のポイント** 行事に向けた指導「持久走大会」

　足の速い子どもは，意欲的に取り組みますが，嫌いな子どもも多く意欲に差が出やすい行事です。上位を目指す子どもは，それがモチベーションになるので順位を目標にしたままでいいのですが，その他の子どもにとっては，最初から高得点を狙えないテストみたいなものです。

　そこで，評価を順位以外のところにもっていきましょう。

---

①練習量
②タイムの伸び

---

　これらを常に意識させます。練習の段階で「順位落ちたー」と言う子がいても，「去年の自分の記録と比べてどうだった？」「前回の記録と比べてどう？」「順位は周りのタイムが変われば変わってしまうから，自分の記録と比べるといいよ！」と言うのです。

　練習量は，毎日少しずつ練習して，トータル何km走ったかなど，掲示やカードで目標設定できると，自分の努力が目に見えて分かりやすいです。

　そして，

---

③本当は嫌だけど，がんばって取り組んだ

---

という評価も忘れずに行います。「がんばったね。体力つくよ！」「今日は筋肉痛だけど最後まで走れたね！　立派！」と声を掛けましょう。「気持ちが強くなった」ということを認め，評価し，価値付けていきましょう。

**これで突破！**
・人と比べず，昨日よりも強くなった自分に目を向ける

9〜10月

## 2　音楽会に向けて

イメージを共有して気持ちを高める

**自分たちの伝えたいことを話し合い，
イメージを共有して練習しよう！**

### 困った場面

**Q** 音楽の指導があまり得意でないので，音楽会の練習が不安です。高学年なので，音楽リーダーを決めて，練習のときに指示を出してもらおうと思いますが，なかなかうまくいきません。

**A** どんな音楽会にしたいか，自分たちの発表で何を伝えたいかは，子どもたちと話し合いましたか？　子どもたちが目指す方向の共通のイメージをもっていることが大切です。練習を始める前にどんな音楽会にしたいかを話し合いましょう。

　私は選曲の段階で，どんな発表がしたいかをまず話し合います。そして，「かっこいい曲」「テンポが速くてすごいって言われる曲」「みんなが知っていて楽しい曲」など意見を出させます。それを絞っていき，だいたいまとまったら，子どもたちがもっているイメージに合った曲を2〜3曲探してきます。候補の曲を子どもに聞かせ，発表する曲を決めていきます。

　みんなでイメージを共有しながら進めていくので，気持ちがまとまりやすいです。そして，「すごいって言われよう」とか，「かっこよく迫力ある演奏にしよう」とか，「きれいな歌声で感動させよう」という思いをもち始めたら，目標も一つにまとめます。

　気持ちが高まったら，音楽リーダーだけでなく，意識が高い子たちは周りに声を掛け始めます。心が動けば，あとは子どもが動くのです。

**成功のポイント** 行事に向けた指導「音楽会」

音楽会に向けた指導で失敗した経験もあります。それは，曲選びでの失敗でした。

音楽会の曲決めの時期になったとき，一部の子どもが，歌いたい曲をリクエストしてきました。それは，そのとき流行っていた芸能人の歌でした。私は子どものリクエストにできるだけ応えたいと考え，楽譜を探しました。

歌謡曲でも合唱にアレンジされている曲はたくさんあり，その曲も楽譜が見つかりました。しかし，混声３部合唱で，あきらかに小学生には向かない楽譜でした。しかし，２部に直して何とかなるかな，と考えたのと，その曲が選ばれるとは限らないと思い，候補に入れました。

子どもたちはいくつかの曲の中から，その曲を選びました。そして難易度が高い曲の練習が始まりました。

しかし，問題はすぐに起きました。男性アーティストの曲で音域が広く，やはり混声３部構成にしないとうまく曲にならないのです。高いところは高すぎ，そこを下げると低い声が小学生には出ません。

結局，理由を説明して，曲を変えることになりました。子どもの希望をすぐに却下せず，やらせてみてダメだったんだから納得するだろう，という私の考えは甘く，その年は合唱への気持ちは高まらないまま終わりました。

この失敗を通して，やはり合唱は，技術指導だけでなく気持ちを高めることが大切なこと，子どもたちがその曲を気に入っていることが大切なことを知りました。

人気や希望だけで考えず，難易度などは教師がよく考えて設定し，本当に無理なことにチャレンジさせてはいけないと，学んだ失敗でした。

**これで突破！**

・どんな音楽会にしたいか，気持ちを高めることに時間をかける

## 3 作品展に向けて

タイトルに思いを込める

**自分の作品に思いを込めよう！**
**絵の品評会にならないように**

### 困った場面

**Q** 絵画や版画では，どうやって描きたいことを決めればよいでしょうか。子どももなかなか描きたいことが決められないようです。絵の苦手な子は，描くことや作品展にも気持ちが向かないようです。

**A** 図画工作科の教師松村陽子氏・松村進氏は，「図工教育は人間教育である」と言い，「画家の卵を育てようとしているのでもなく，展覧会で賞を取らせることを目的にしているのでもない。子どもたちが自信と喜びをもてるようになることを願っている」と述べています。また，美術教師の大橋功氏は，「図画工作科を制するものは学級を制する」と言い，「夢中になって自己表現するためには，それを受け止める教師だけでなく，仲間への信頼感，安心感が必要です」と述べています。

いくつかの著書を見ていくと，どうやら図画工作を研究してきた先生方は，上手な作品をつくることをゴールとしていないことが分かります。

絵が苦手という子は意外と多く，なかなか描き始められなかったり，すぐに「失敗した」と言って来たりします。そして作品を飾るのを嫌がります。

そうならないためには，一人一人が，自分の作品づくりに自信や喜びをもつこと，そして自分の作品を周りに受け入れてもらえるという安心感のある学級であることを大切にしていく必要があります。

**成功のポイント**　行事に向けた指導「作品展」

## 一人一人にとって作品を宝物にするために

　全員で同じものを見て描く静物画と違い，小学生の作品には一人一人のストーリーがあってほしいと思います。6年生の図工に，思い出の風景を描く単元がありますが，ただ，「どこ描こうかなー」と場所を決めさせるのではなく，自分の6年間を思い出しながら場所を決め，どんな思い出が詰まった場所か，タイトルに入れるように指導します。

　「6年間毎日通った玄関」「よく登った校庭の木」このようにタイトルを決めてから描き始めることで，作品にはストーリーが生まれ，作品展は絵の品評会にならず，一人一人の思い出の発表の場となるのです。

## 自分の作品を受け入れてもらえる安心感のある学級にするために

　友達同士で絵を見合う鑑賞の時間も，作品に対する思いを聞き合う習慣をつけるといいです。ただ見ていると，「○○さんは上手だね」などの感想になりがちなので，「どうしてこの絵を描いたのですか」「気に入っている部分はどこですか」などの質問をお互いにし合うとよいです。

　友達同士の鑑賞は，自由に見てほめ合うと，仲のいい友達同士のほめ合いになってしまうので，やり方を工夫します。グループごとに見合って，一人ずつ絵の説明をし，質問をし合う時間を設けるとうまくいきます。時間が余ったら他のグループの人の作品も見て回るようにすればよいです。

　お互いの作品のストーリーを理解すると，絵の技能が多少低い子どもの作品も「これは○○の思い出を描いたんだって」と理解してもらえます。優劣だけで絵を見ることがなくなっていきます。

9〜10月

**これで突破！**
・作品展は品評会でなく，子どもの思いを伝える場だと認識しよう！

## 4 児童会祭りに向けて

条件やルールを先出しする

**自由に計画を立てさせ，途中で否定するのはNG。
大事な条件は先出しする！**

### 困った場面

**Q** 児童会祭りで，全校の子どもが楽しめる店を出店する計画を立てています。高学年なんだから，小さい子にも楽しめる工夫を考えてほしいのですが，自分たちが楽しんでいるようにしか見えず，ついつい口出しして嫌がられてしまいます。

**A** 高学年の担任をして，いつも思うことは，全校児童のリーダーとして，行事を盛り上げることが多い高学年は，行事のたびに下学年の子どもに「ありがとう」とたくさん言ってもらって，達成感や満足感を感じ，高学年らしく成長していくということです。「ありがとう」と言われる場をつくるのは，下学年のためでなく，高学年のため，ということです。

　つまり，他の学年を喜ばせることが最終目的ではなく，高学年担任なら高学年の子どもたちが成長することを目的としなければいけないのです。そう考えると，やはり先生が「ああしなさい。こうしなさい」とやらせた内容では，いくら下学年を楽しませる内容でも，達成感は薄くなってしまいます。

　そこで，途中でできるだけ口出ししないためには，条件を先出しすることです。「小さい子も楽しめる内容であること」「危険がないこと」「予算が掛からないこと」など条件を先に出して，その中で計画を立て始めると，子どもたちが工夫して考えることができます。軌道修正が必要な場合も，「これは条件に合ってるかな？」と問い掛けるだけでよくなります。

**成功のポイント**　　**行事に向けた指導「児童会祭り」**

## 教師からの先出しルール

　児童会行事ですから，教師が話したり指示したりするのは最初だけで，あとは「どうかな？　進んでいるかな？」「困ったことないかい？」とチェックするくらいが理想です。教師が最初に押さえるべきことは以下のような内容がいいでしょう。

　□活動は全員で行うこと。参加しない仲間がいないようにすること。

　□誰かだけが楽しくて，誰かが泣くような企画は進めないこと。

　□危険なこと，人が傷つくことはやらないこと。

　□上記のことが守れないとき，みんなの自由にはさせられないこと。

## 学級代表からの先出しルール

　企画委員や運営委員などの，学級の代表の子どもがいると思います。その子どもたちとあらかじめ打ち合わせをし，大事なことは学級活動の時間に子どもから提案をしてもらうと，教師の押しつけになりにくく，よいでしょう。

　□下学年でも楽しめる内容のお店にすること。

　□今までにない，オリジナルな部分をつくること。

　□お金をかけず，廃材などを活用すること。

　□仕事がない人は，手伝える仕事を手伝って協力して準備すること。

9〜10月

**これで突破！**

・子どもの計画を途中で否定しないよう，守るべき条件は先出しする

## **1** 落ち着きがなくなってきたら

動と静のバランスをとる

> **1日の中で，動と静のバランスを考えよう。
> どちらに偏っても落ち着きがなくなります**

### 困った場面

**Q** 行事を盛り上げたい気持ちはあるのですが，授業には集中してもらいたいと思います。休み時間も行事の準備などをしているせいか，授業中に気持ちが落ち着かない様子です。

**A** 子どもは，じっとしてばかりいると集中が続かなくなり，動きのある活動を入れていくことで気持ちが切り替わることがありますが，逆に動きのある活動が多くなっても落ち着きがなくなります。

行事の前は，何かの練習をしたり物をつくったりして，動きのある活動が多いです。また，休み時間や昼休みも行事に向けた準備や練習に時間を使うことが出てきます。そうすると，子どもの意識は「今の続きは昼休みにやろう」というふうに行事の準備でつながり，授業時間にあまり気持ちが入らないことがあります。

教師から見て，落ち着いて学習できていないと感じたら，動きのある活動を少なくし，落ち着いてできる活動や反復学習に切り替えてみてください。

### 活動を切り替えるチェックポイント

□グループ学習で，行事の準備の話など，授業と関係のない私語がある。
□ホワイトボードに落書きなど，教材教具で遊んでいる。
□ざわざわしていて，挙手をする子どもがいつもより少ない。

**成功のポイント**　　**行事で落ち着かないとき「授業を落ち着かせる」**

　前頁のチェックポイントのような状態のとき，子どもたちが落ち着いて学習できる活動に切り替えてみることをお勧めします。1日の中で，または1週間の中で，動と静のバランスをとってください。

　対話的授業や，アクティブ・ラーニングが進められていますが，その形だけが正解なのだと教師側の考えが凝り固まることは危険です。子どもの状態によって，時には一斉授業，時にはプリント学習など，臨機応変に学習形態を選んでいけることが重要ではないでしょうか。

**一斉授業を行う** ⋯⋯⋯⋯⋯⋯⋯⋯⋯⋯⋯⋯⋯⋯⋯⋯⋯⋯⋯⋯⋯⋯⋯⋯⋯⋯

　グループ活動で落ち着いて話せない場合は，無理に活動を続けても効果的ではありません。一斉授業で学んだ方がいいです。本時のねらいがはっきりとした，考えることが明確な授業展開を行いましょう。

**習熟・反復学習を行う** ⋯⋯⋯⋯⋯⋯⋯⋯⋯⋯⋯⋯⋯⋯⋯⋯⋯⋯⋯⋯⋯⋯⋯

　計算問題，漢字練習，視写などの一人一人が集中できる活動を行います。人との協働ばかりでなく，自分で課題に取り組む時間をつくることで，落ち着きを取り戻せます。

**インプットする活動を行う** ⋯⋯⋯⋯⋯⋯⋯⋯⋯⋯⋯⋯⋯⋯⋯⋯⋯⋯⋯⋯

　音楽会，作品展，学習発表会などの行事は，アウトプットすることが多い活動です。読書や調べ学習などのインプットを意識した学習を行います。

**これで突破！**
- いつでも対話的授業やアクティブ・ラーニングと考えない
- 臨機応変に一斉授業や反復学習を取り入れる

9
～
10
月

# **2** 教室が汚くなったら

出し入れしやすい臨時 BOX で整頓

> **行事前は道具が増えて教室が汚れる。**
> **出し入れしやすい箱やかごを用意しよう**

### 困った場面

**Q** 行事前は教室が乱雑になります。マジックが出したままになっていたり，つくった物が教室の脇に置かれていたり。うまく片付ける方法はないでしょうか。

**A** 休み時間，１本ならまだよいですが，何人もの子どもが学級のマジックを何本も使っていたら，片付けには時間がかかります。ケースに戻すのも手間だろうと思います。

きちんと片付けをさせたいけれど，授業の開始時刻も守らせたい。そうして声を掛けると，片付けが終わらないうちに席についてマジックが散乱している。「マジック片付けて」と声を掛けても，「私が使ったものじゃありません」と，責任の所在がはっきりしない。よくある光景です。

楽器の準備でも，絵の具の準備でも，マジックでも何でもそうですが，きれいに片付けるには時間が掛かるので，授業開始の５分前には活動をやめて片付け始めなければいけません。しかし夢中で活動している子どもは５分前にやめることができないのです。

それならば，行事前だけは，頻繁に出し入れする物を入れておく臨時BOX を用意するといいです。「途中のもの，ここに入れておいてね」とします。係などがあるなら，係ごとや，分担ごとに BOX があると使いやすいです。

**成功のポイント** 行事で落ち着かないとき「教室の片付け」

「割れ窓理論」は，割れた窓を放置すると，やがて他の窓もすべて割られてしまうという話です。軽微な犯罪を取り締まっていかないと，どんどんそれが広がっていくとして有名な理論です。この理論は，ポイ捨てや壁の落書きなどでも同じように言われることが多いですが，教室の片付けも同じだと思います。

行事前であっても，乱れた教室を放置しておけば，だんだん片付けないことに子どもたちは慣れ，教室が汚くなっていき，行動が落ち着かなくなったり，つくったものが壊れたりする問題が起こることもあります。

行事前の道具が増える時期は，段ボール箱や籠でよいので，片付けの臨時BOX を並べましょう。臨時 BOX があると，いくつかのいいことがあります。

- ・看板やポスターなど，つくり途中のものをそこに置いておくことができる。
- ・マジックや絵の具など，またすぐに使う道具を完全に片付けないままそこに入れておくことができる。
- ・係ごとの BOX を置くことで，同じ係の子は誰でも BOX の中の物の作業を続けることができる。
- ・教師から見て，何がどのくらい作業が進んでいるか，いつでも見ることができる。

私は児童会行事の際に，教室の後ろの棚の上にかごを8個くらい並べ，係ごとに使ってもらっていました。「シナリオチェックしてかごに入れておいたよ！」と連絡 BOX としても使い，スムーズに活動できました。

9〜10月

**これで突破！**
- ・一時的に物が増える行事前は，臨時 BOX を用意して乱れを防ごう

## 1　ほめ方で困ったら

三角ほめは効果絶大

### どうほめられたら素直に聞けるのか。
### 真正面からがいいとは限らない

**困った場面**

**Q** 行事が終わったら，それを自信につなげていきたいと思います。帰りの会で，担任から「がんばったね」「素晴らしかったよ」などと伝える他に，効果的なほめ方はありますか？

**A** 行事後はぜひ，よかったところをほめてあげたいですね。そして，できれば効果的にほめたいと思います。ほめるときのポイントは，

①Iメッセージを伝える。
②伸ばしたい力が表れていた部分をほめる。

ことだと思います。

　例えば，「（あなたが）素晴らしかった」というのもいいですが，「みんなの素晴らしい姿を見て，（私は）嬉しかった！」と言えば，主語は「あなた（YOU）」ではなく「私（I）」になり，Iメッセージです。Iメッセージは評価でなく感想ですから受け入れられやすいです。

　さらに，「みんなが協力して全員で取り組む姿を見て，嬉しかった！」と伝えれば，子どもたちは自分たちのどこがよかったのか具体的に知り，その部分に自信をもち，増やしていこうとするでしょう。だから，先生が期待する姿が見られたら，どんどん認めます。

　さらに効果を発揮するほめ方を次頁で紹介します。

**成功のポイント**  **行事後の○○「ほめ方」**

　私が勧めるもう一つのほめ方は,「三角ほめ」です。第3者を登場させる
のです。「校長先生が,みんなの発表に感動したって言っていたよ」「1年生
がね,このクラスの出し物が1番楽しかったってさっき廊下で話していた
よ」などと伝えるのです。また,「岡田先生が,みんなのクラスの担任でよ
かったって感動していたよ」などと隣のクラスの担任に言ってもらうのです。

　なぜ,このように方向を変えてほめると効果があるのかというと,噂話が
広がる心理によります。「人間は,直接言われたことより,間接的に伝え聞
いた話の方が信じやすい」という心理が働くようです。

　高学年のように,素直にほめ言葉を受け入れられない子どもが出てくる年
頃には,特に効果的だと思います。

○ほめる

| あなたたちは素晴らしかった！ |
|---|

○Iメッセージでほめる

| あなたたちの素晴らしい姿に,先生は感動した。すごく嬉しかった！ |
|---|

○具体的姿でほめる

| 協力して取り組む姿が素晴らしかった。先生は感動した。嬉しかった！ |
|---|

○三角ほめでほめる

| さっき校長先生も,みんなが立派な高学年だって言っていたよ。 |
|---|

**これで突破！**

・いろんな人がほめていると伝え,チームで教育効果を上げていく

## **2** 行事作文で困ったら

書くことで自覚を促すためのもの

---

**考えてほしいことを先に伝え，
「私にそれについて教えてほしい」と言う**

---

### 困った場面

**Q** 行事が終わると作文を書かせると思うのですが，やったことを羅列するだけで，内容の薄い作文になりがちです。いい指導の方法はないでしょうか。

**A** 内容の薄い作文というのは，「はじめに，○○をしました。次に，△△をしました。その次に，□□をしました。最後に，◇◇をしました。楽しかったです」というような作文でしょうか。行事の後に書かせたら，やったことが言いたいので，このような書き方をする子どもがたくさん出てきそうですね。

では，逆に内容の濃い作文とはどんな作文でしょう。感想などがたくさん書かれた作文や，会話文なども詳しく書けている作文でしょうか。

ただ，「詳しく書きなさい」と言っても，行ったことを事細かに書くだけで説明的になり，内容の深まりにはならないかもしれません。まずは教師が，子どもに何を書いてほしいのかを明確にする必要があります。

では，行事の後の作文は，何のために書くのかというと，子どもが自分のやったことの意味を振り返り，自覚するためだと思います。ただ思い出を残しているわけではありません。行事で自分ががんばったことは何だろう，嬉しかったことは何だろう，成長できたことは何だろう，と書くことで考えるのです。そのために，何を自覚してほしいのかを先に示してから，書かせる（考えさせる）必要があるでしょう。

**成功のポイント** 　**行事後の○○「作文」**

　私も行事の後の作文は必ず書かせています。ただ書かせて、思い出に残していた頃もありました。今思えば、何のねらいもない活動をさせていたと反省します。

　そのうち「もっと気持ちを書くといい」と言って、詳しく書かせるようになりましたが、「○○をしました。楽しかったです。次に△△をしました。すごかったです。その次に……」と気持ちを入れ込んだ作文にもあまり意味があると思えませんでした。

　そして、各教科での授業の終わりに、その時間に分かったことを文章でまとめさせるようになりました。文章にまとめることで、自分の学びを整理し自覚できることがわかってきました。それは行事でも同じだと言えます。

　子どもは行事に夢中になっている間は、活動に集中しています。今自分がどんな成長を遂げているのか考えながら取り組んでいる子どもはいません。ですから、終わった直後にそれを考え自覚させるのです。

　原稿用紙を配ったら、「みんなのがんばりは見ていたけれど、一人一人をずっと目で追っていることはできなかったから、私にこんな部分を教えてほしい」そう言って、書いてほしいことを黒板に示せばいいのです。

　・自分ががんばれたことや工夫したこと。
　・嬉しかったことや悔しかったこと。
　・うまくいかなかったことや、これからの目標。
　・この行事を通して自分が成長したと思うところ。

**これで突破！**
・自覚してほしいことを示し、それについて考え、書かせる

9
〜
10
月

## **3 学級通信で困ったら**

> 裏話で保護者は子どもを2度ほめる

---

完成までの苦労話や裏話を載せるのは，
行事前より，行事を見終わった後がいい

---

### 困った場面

**Q** 行事が終わると，お便りを出しますが，写真や子どもの感想を載せて，あとはどんな内容だと喜ばれますか？

**A** どんな行事でも，練習や準備など，様々な準備期間があります。その様子を行事の前に発信して，「こんな風にがんばっています」「こんなにがんばってきました。当日はぜひ見に来てください」と伝えるのも一つの方法です。

しかし，映画のメイキング映像を考えてください。特典として映画の最後に観ることができますね。テレビドラマのNG集もそうです。ドラマの前に観せることは，まずないでしょう。

情報の伝わり方は，順番で印象が大きく変わります。苦労話を聞いていて本番を見るときは，心配な気持ちで当日までを迎え，成功しても「ああ，何とかできてよかったな」と感じるのではないでしょうか。

ところが，一番いい姿を見て「よかった。楽しかった」と感じた後に，「実はこんな努力をしていたんですよ。壁にぶつかることもあったけど，みんなで乗り越えてきたんですよ」と聞くと，その苦労話や失敗談がマイナスの話に聞こえなくなるのです。

がんばって準備している様子は事前に伝えてもいいですが，失敗談などの裏話は，本番後に伝え，子どもの成長を感じてもらうといいです。

**成功のポイント**  行事後の○○「学級通信」

音楽会に向けて，パート練習がうまくいかないことがあります。声を出していない男子を女子が責めて対立関係になったり，やる気の出ない子どもが練習をさぼってしまったり。そしてうまくいくように話し合いを繰り返します。この話は，そのときに聞くとマイナスな情報にしかなりません。

しかし当日子どもたちの歌声を聞いた保護者が，後でこの苦労話を知ったら，そうやって成長してきたことを理解することができます。「本番は声が出ていたよ。よくがんばったね」と子どもに声を掛けてくれるかもしれません。

また，私が以前勤めていた学校では，卒業制作に地域伝統の大凧をつくっていました。子どもたちがデザインを考え，下書きの後，専用の絵の具で絵付けをしていきます。失敗できないその作業で，絵の具をボタッと白い凧に落としてしまった子どもがいました。消すことはできません。みんなが一瞬「あっ……」と凍りつきました。しかしそこは6年生です。知恵を絞り，そこにかわいい動物を描き，失敗した絵の具を隠しました。

後でその話を知ると，周りの友達の気遣いをあたたかく感じたり，大凧のあそこになぜ動物がいるのかが分かり，そこが1番の思い出の絵になったりするのです。

当日の写真や感想は，保護者も見て既に知っている内容です。ですが，準備段階の裏話は，保護者は知らないことが多いです。本番が成功したからこそ言える，準備での苦労話は，本番を成功させた後に紹介すると関心をもってあたたかく読んでもらえます。子どもの努力と成長を感じてもらえることに一役買うかもしれません。

**これで突破！**
・行事の成功の裏にこんな努力があったのか，と知ってもらおう

# **4** 気持ちの切り替えで困ったら

翌日からガラッと違う風景

> **教室に，行事の余韻は残さない。**
> **整理して，次の目標をもたせよう！**

### 困った場面

**Q** 楽しい行事や，練習をがんばってきた行事の後は，どんな風に気持ちの切り替えを行ったらよいでしょうか。気持ちを切り替えて，また次の目標に向かっていってほしいと思います。

**A** 行事の後は，教室の雰囲気を変えるといいです。しっかりと新しいスタートを感じさせることです。

作品展や児童会祭りなどの教室を使う行事なら，当日に持ち帰れるものはすべて持ち帰るようにします。そして，ポスターや飾りなどの掲示物は，すべて剥がします。

当日の写真や手づくりの看板など，学級の思い出の軌跡として残したいものは，きちんと教室後方の思い出の掲示板に掲示するようにしましょう。ごみもしっかりとその日のうちに片付けます。

次に目指すものがあれば，それを意識した掲示を貼るとよいです。もしも時間に余裕がなかったら，行事翌日に登校したときに，「昨日は素晴らしい発表をありがとう！　次は○○に向かってスタート！」など，黒板に書いておくだけでもいいと思います。

スーパーマーケットの展示を思い浮かべてください。お正月が終わったらバレンタイン，バレンタインが終わったらホワイトデーと一晩のうちに展示が変わります。次を見せることでお客さんは飽きずに通ってしまいます。

**成功のポイント** 　行事後の○○「気持ちの切り替え」

　気持ちを切り替え，次の目標へ向かうためには，教室掲示や活動内容が，翌日にガラっと変わった方がよいようです。

　□行事で使った道具の片付けをしましたか。
　□行事で使った道具，つくったものは持ち帰らせましたか。
　□係ごとに使っていた道具入れの臨時BOXを撤去しましたか。
　□行事に向けた掲示を剥がしましたか。
　□行事の写真など，軌跡として残したいものは教室後方の過ぎたことを
　　掲示する位置に貼りましたか。
　□教室の清掃はしましたか。
　□ごみは捨てましたか。
　□新しい目標や，次の行事に向けた掲示をしましたか。
　□気持ちを切り替えて，次に行動する何かを具体的に考えましたか。

　上記のようなことは最低限行って，翌日を迎えるとうまくいきます。
　また，行事に向けためあてカードに自己評価を書くことや，行事作文を書くことも，当日できなくてもできるだけ早く行い，振り返りを終わらせましょう。そして，できたことは大いに認め，そこで身についた力を次に生かしていけるような話をするといいです。
　一つの行事が終わってゼロに戻るのではなく，そこで身につけた粘り強さ，団結力，企画力，などを他でも生かせると感じ，行事のたびに階段を上っていく子どもたちになって欲しいです。

**これで突破！**
・行事一色だった教室環境を一新し，次のスタートを意識させる

9～10月

# 目玉が転がる教室

　ある年の児童会祭りで「お化け迷路」をしたときのことです。私が担任する6年生は，「お化け屋敷」と「迷路」で意見が分かれていたので，「お化け迷路」なるものをつくることに決まりました。私は，「お化けの出てくる迷路を脱出する訳だな」と思って子どもたちの計画を聞いていました。

　子どもたちは迷路のルールを決めていきました。「行列ができないように時間制限をつくろう」「3分経ったら，お化けが追いかけて出口へ連れていこう」この辺から燃え上がって話をしているのは，いつもはそんなに目立つことのない，ホラー好きの子どもです。

　「入口で貞子を出そう」「なくした目玉を探してもらおう」「私の目を探して～」「それで制限時間3分」「いいねー！」いつの間にか宝探し的な要素も加わっています。どこかのホラー本で読んだのでしょうか。子どもの発想とは面白いものです。

　そうこうするうち，Ａさんが眼球をつくり始めました。白い紙を丸めて，黒目と，白目には血管がほとばしっている眼球……。「わー，これすごいリアル！　怖い！」「Ａさん，これ怖いよ！」つくったＡさんは，普段多くの友達と話すことはない，人とのかかわり方に課題をもつ子どもでした。もしこの目玉をつくったのが普段だったら「Ａさん怖っ」など陰口を言われていたかもしれません。目玉がほめられたＡさんは，「あ，どーも」と冷めた返事をしていました。

　次の日です。Ａさんはこのリアルな目玉を大量に家でつくってもってきました。冷めた反応ながら，ほめられて実はとっても嬉しかったに違いありません。目玉が転がる教室……ああ，Ａさんが認められてよかったなぁ。そう思いました。行事はチャンスにあふれています。

# 行事ロスへの突破術！
# 心と頭の充実期

11〜12月

# **1** 学習が苦手な子の意欲を継続する話

**テスト80点で合格，それ以下は再テスト。**
**本当にそれで全員が意欲を維持できるのか**

## 🐢 困った場面

**Q** 秋の行事が終わり，学校全体で，学習を充実させていく時期としています。学年テストなどもありますが，毎回再テストになる子どももいます。意欲を出すにはどうしたらよいでしょう。

**A** 合格点と再テスト，全員に習熟して欲しいからと設定されているのですが，毎回再テストを受ける子が，苦痛なのは間違いありません。

1回目は惜しくも70点台で不合格，2回目には1回目に間違えた問題を練習してきて合格，となれば達成感は得られるかもしれません。しかし，出される問題が分かって練習してきて合格したところで，どれだけ本当の学力がついたのかは疑問が残ります。

まして，定着に時間がかかり，2回も3回も再テストを受ける子どもはどうでしょう。一つのテストが合格する前に，次のテストがやってきて，再テストがいくつもたまってしまいます。そうなったら，親子で毎晩拷問のような漢字練習が繰り返されることも想像できます。それにどんなメリットがあるのでしょうか。

だから私は再テストはやったとしても1回しか行いません。その代わりに，授業時間を使った補習タイムを行います。合格を諦めて学習を全くしなかった子どもが少しずつ学習に取り組むようになった事例がありました。そのときに子どもにしていた話を紹介します。

**成功のポイント** 心と頭を使って「学習意欲継続」

　Aさんは再テストを何度やっても合格が難しい状態でした。むしろ再テストをするたび意欲は低下しました。80点合格のテストで10点から20点を推移するのですから，意欲が出るはずもありません。努力しても到達できないと感じた目標を，人間は目指そうと思えないものです。高学年になれば，学力差も大きくなります。その子どもたちが同じ教室で学習し同じテストを受けているのです。私はどの子どもにも意欲をもってほしくて，次のような話をしました。

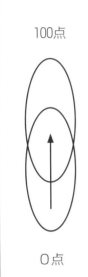

100点

0点

　この楕円みたいに，30人以上の人がいれば，漢字が得意な人もいれば苦手な人もいます。足が速い人と遅い人がいるのと同じです。でも，自分はダメだからもういいやって，勉強しなくなるのは違います。全員が今の点より10点よくなるだけで，すごく意味があるからです。みんなが10点だけアップを目指すと，こうして楕円全体が上に上がります。そうすると，授業でも少し難しい問題にチャレンジできます。そしてまたみんなが10点アップします。だから，全員が同じ点数でなくていいです。今の自分より10点上を目指すことがすごく価値のあることなんです。そうしながら，みんなでこのクラスの楕円を少しずつ上に持ち上げていけばいいのです。

　このような話の後，Aさんは自主学習を毎日行うようになりました。そして，50点くらいを維持できるようになっていきました。

**これで突破！**

・無理な目標で意欲を失うより，手に届く目標設定で到達する

## 2 室内遊びのアクティビティ

心を使って協力体験

### 行事の後，学習時間の合間を使い，仲間づくりを進めよう

**困った場面**

**Q** 行事も終わり，寒い季節となり，子どもたちは教室で過ごすことが多くなりました。エネルギーが余っているようなので，教室でできるアクティビティを考えたいと思います。

**A** 室内遊びといっても，休み時間の自由な遊びではありませんから，ただ楽しむだけでなく，やはり何かしら意味をもった活動を行いたいものです。

行事で培った協力する力や，団結して何かを成し遂げる達成感を忘れてしまってはもったいないので，どうせやるなら学級の人間関係づくりに役立つアクティビティを行ってはどうでしょうか。

学習するときに机を合わせてつくる4～6人くらいのグループがあると思います。そのグループごとに行うゲームなら，すぐにできて楽しめます。

ただし，授業時間ですので，守るべきルールは，最初に伝えておきましょう。

・全員で協力して行うこと。

・ゲームの勝敗のために誰かを責めたり，文句を言ったりしないこと。

・意見が分かれたときは，頭と心を使って譲り合うこと。

最低限のルールを確認したら，明るい雰囲気で，室内遊びのアクティビティを始めましょう。

**成功のポイント** 心と頭を使って「室内遊び」

簡単で，すぐにできて，仲間づくりに役立つゲームを紹介します。

## みんなの心を読んでみよう

・ホワイトボードを用意します。なければ紙でもいいです。
・先生がお題を出します。
「ボールを使ったスポーツといえば？」「おにぎりの具といえば？」など
・グループで考えて一つ答えを書きます。
・一斉にあげて，同じ答えを書いたグループの数だけポイントが入ります。
・みんなと同じ方が，点がたまるので，人の心を考えながら答えを書きます。

## ○○さんの心を読んでみよう

・グループの中で一人，代表を決めて黒板の前に出てきます。
（グループが６つあれば，６人の子どもが黒板の前に並びます。）
・先生が出したお題について，代表の子は答えを紙に書きます。
（みんなには見えないように隠しておきます。）
・代表の子が何を書いたかを同じグループの子が予想して当てます。
・グループの代表が書いた答えを当てられたらポイントが入ります。

11〜12月

どちらのゲームも何も準備は必要ないので，すぐにできます。また，グループで話し合って答えを何にするか考える時間があります。学級の仲間がどんなことを考えているか知り，仲間理解が進みます。このようなゲームは，いくらでもアレンジ可能なので，実態に合わせて行ってください。

**これで突破！**
・心を使った室内アクティビティで，仲間づくりをしよう

## 3　授業でできるアクティビティ

頭を使って楽しい体験

> 教科学習も，ゲーム的な時間があっていい。
> 楽しい！　と思えて集中できる5分間をつくる

### 困った場面

**Q** 以前見せてもらった公開授業で，授業開始前の数分に，先生がクイズをしていました。子どもたちが楽しそうに参加していて授業がにこやかに始まりました。短時間にできる楽しい活動にどんなものがありますか。

**A** 雰囲気づくりが上手い先生は，本当にちょっとした時間に子どもを笑わせたり，パッと注目させたりするのが上手いですね。短時間の楽しい活動は，子どもの気持ちが楽しくなるだけでなく，その後の学習に集中できるようになったり，気持ちを切り替えることができたりと，いくつかの効果があるようです。短時間でできる学習で使えるアクティビティを何種類かもっていると便利です。

　少しでもゲーム的要素が加わると，内容が学習でも，子どもは楽しんで参加します。テレビ番組で勉強系の問題が出るクイズ番組は，参考になるかもしれません。

　ゲーム的な要素とは，時間制限があること，競う要素があること，ポイントがつくことなどでしょう。そのような要素があると，短時間でも集中でき，盛り上がるから不思議です。

　ここでは，ある学校で5年生の担任をしたときに，学習係の子どもたちが考えて行っていたゲームを紹介します。子ども発信で楽しく活動していました。

**成功のポイント** 心と頭を使って「授業でのアクティビティ」

　簡単で，短時間でできて，楽しく集中できるアクティビティを紹介します。どれも5年生の子どもが考えて実際に行っていた内容です。

### 早覚えクイズ

- 教科書○ページを開いてください。
- 「スタート」と言ったら1分間このページをできるだけ覚えます。
- 「ストップ」と言ったら教科書を閉じます。
- 問題を出し，答えます。
  例）家庭科「○ページの野菜炒めの写真に入っていた材料は？」など
- ※グループ対抗にもできます。そうすると，見る場所を分割したりして知恵を出して勝利を目指していました。かなり集中して教科書を見ます。

### いいヒント大賞

- グループの一人に他のメンバーがヒントを出して，答えを導きます。
- 例えば歴史上の人物なら，ヒントを出す人は，教科書を見てもいいので，何をした人か，どこの人か，何時代の人かなどどんどんヒントを出します。早く答えられたチームの勝ちです。

### 辞書引き大会

- 辞書で調べてほしい言葉を一つ，お題として黒板に書きます。
- スタートで辞書を引き，早く見つけた人の勝ち。
- 見つけたら「はい！」と言って意味を読み上げます。かなり熱戦です。

**これで突破！**

- 頭を使った授業でのアクティビティで，楽しく集中しよう

11〜12月

## 4 ▸ 体育館での学級イベント

頭と心を使って楽しむ学習

> **全員で楽しむためには頭と心を使う。**
> **「みんなで楽しめること」を子どもに課そう**

### 困った場面

**Q** 体育館で学級イベントを行っていたときです。ドッジボールをやりたくないと言って見ている女子がいました。それを見たベテランの先生に，みんなが参加しないお楽しみ会なんて，ただの遊びだと注意されてしまいました。

**A** 学級のイベントは全員参加が基本です。具合が悪くなった，怪我をしたなどの理由を除き，参加しない理由は考えつきません。「やりたくないからやらない」というのは，なしです。

そもそも学級活動や，余剰時間を使っての授業時間なわけです。イベントをさせるにせよ，教育活動であるという意識が必要です。イベントで楽しい活動を企画するのであれば，学習課題として「全員が楽しめる企画を計画し実行すること」と示してもいいくらいです。

特に，楽しい活動では人間関係や上下関係が出やすいです。「やりたくない」や，「やらない人がいても気にしない」といった状態をそのままにしないように気を付ける必要があります。

そこで，大切なのが計画です。計画の段階で，内容をよく考える時間が必要です。全員のやりたいことが一致しなくても，「今回はこれを楽しもう」とみんなが納得して当日を迎えることが大切なのです。

**成功のポイント**　　**心と頭を使って「体育館での学級イベント」**

　「今日は時間が余ったからイベントやるぞー」「やったー！」ということを
やってしまうと，大体失敗します。子どもに楽しませているようで，一部が
満足し，一部は不満を残す活動になる可能性があるからです。
　では，みんなで納得して内容を決めることはできるのでしょうか。

**担任ができる指導** ······································································

　「どうしても意見がまとまらなかったら，イベントは中止ね」と伝えます。
そして「学級のイベントだから，全員参加だよ。学級のメンバーじゃない人
はいないから」とも伝えておきます。子どもたちは何とかして意見をまとめ，
イベントを行えるように知恵を出します。それが学習です。

**子どもたちの出す答え** ························································

　今までいろんな納得の方法を見てきました。ある学校では，男子6人女子
5人の11人の学級でした。多数決をとるといつも6対5で男子が勝ちます。
だから，「多数決で決めるのやめよう！」ともめていました。いつしか，男
子がしたいことと女子がしたいことを順番に行う，と自分たちで決め，スポ
ーツや調理などイベントでは交互に希望を叶えていました。結局は，どちら
も文句なく楽しんで活動するようになりました。
　また，ある学校では，人数が多く，やりたいことがなかなかまとまらなく
て困った結果，その月に誕生日がある人が最終的に選ぶというルールを決め
ました。「誕生日の人が楽しむのが優先」と自分たちで決め，卒業までその
ルールでイベント内容を決め続けました。

**これで突破！**
- イベントの内容は，話し合って納得して当日を迎えること

**1**

# 対話が深まらないと思ったら

質問力を高める

---

**行き詰まったら逆転の発想。
もっと深く話してほしければ，もっと深く聞こう**

---

### 困った場面

**Q** 対話のスキルは身につけていますが，話す内容が深まりません。もっと内容の濃い話し合いにするには，どうすればよいでしょう。

**A** グループでの対話で考えが深まらないときに，もっと意見を言うよう促しても，うまくいきません。大人から見て内容が深くても浅くても，話している子どもは，その子なりに精一杯考えたことを話しているのです。それ以上を求めたら，「……」「もう意見言いました」「話し合い終わりました」となるのがオチです。

うまくいかないときは逆転の発想です。話す子どもがもっと考えるような質問をするのです。質問の質を高め，お互いに質問し合うことで，考えを深めるのです。「どうしてそう思ったのですか」「もし〜なら，どうしますか」など，「はい」「いいえ」で答えられないような質問をします。子どもには，

**分からないから質問するのではなく，もっと考えさせるように質問する**

と，質問する目的を伝えます。

このように，質問力アップを求めていくと，より深い答えが出てきます。さらに，どのグループも「話し合い終わりました」とならずに時間いっぱい話を続けることができるようになります。

**成功のポイント** さらに高める「対話的授業」

　近年，教師が子どもに学習内容を一方的に教授する授業は減り，「かかわりのある授業」「交流型学習」など，子どもが話し合う場面を設定している授業が多く見られるようになりました。公開授業を見ても，ほぼ確実に子ども同士が交流する場面が設けられているのではないでしょうか。

　しかし，多くの学校で課題となるのが，話の深まりです。文部科学省が示す「主体的・対話的で深い学び」を実現することは簡単ではありません。

　グループでの対話が深まるには，課題設定の工夫や教材の魅力，個々のレディネス，グループ構成や話し方のスキルなど様々な要素がからまっているため，どこに掉さして手立てとしていくか，学校現場では研究が進んでいくことでしょう。

　ここで紹介した「質の高い質問を工夫する」という手立ては，私が県の研究会の際に，グループ内の意見交流で考えが深まることを目的として設定した手立てです。6年国語の意見文を書く授業でした。資料に対する意見をグループ内で一人一人が発表します。それに対して他の子どもが，話した子どもの考えが深まることを目的に質問をします。答える子どもが質問に答えながら考えを深めることをねらいとしました。この授業で，効果があったと考えられたことは以下のようにまとめられました。

　　・質問に答えるために，さらに深く自分の考えを掘り下げられた。

　　・自分の考えの根拠を資料から説明しようとする姿があった。

　　・どんな質問をすると相手の意見を引き出せるか考えていた。

　　・どのグループも，時間いっぱい話を続けていた。

**これで突破！**

・話す子どもの考えを深めるための，いい質問を考えよう

11〜12月

## **2** 学級満足度が上がらないと思ったら 聞く力を見くびるな

**2回目の生活指導アンケートやQ−Uの時期。承認得点や学級満足度を上げる方策**

### 困った場面

**Q** 生活指導関係のアンケートで，なかなか得点が上がらない子どもがいます。トラブルもなく，成績も悪くないのに，自分は認められていないと感じているようです。どうしたらよいでしょう。

**A** アンケートの結果は，苦手なことがたくさんある子どもでも，学校生活はとても満足している場合もある一方，リーダー的で活躍している子どもが，学級満足度が低い場合もあります。こういう結果を見ていると，アンケートというのは「満足感」「承認感」といったその子どもの「感」がすべてだと実感します。こちらがいくら活躍の場をつくっているつもりでも，その子が満足しなければ数値は上がりません。

そうしたときに，「あの子は自信のない子なんだな。あんなに活躍しているのに」と個人の性格だからと諦めてしまうのは早いです。

学級満足度を高めようと考えると，活躍の場をつくったり，ほめたりしようとすることが多いです。しかし，子どもが「受け入れられている」と感じるためにもっと大切なことがあるのです。それは，

### 話を聞いてもらうこと

です。しっかりと自分の気持ちを聞いてもらっている子どもは，承認感が高いのです。

**成功のポイント** さらに高める「学級満足度」

　楽しい学校生活を送るためのアンケート（Q－U）の学校生活満足度を測る質問項目の中で，自分の存在や行動が，級友や教師から承認されていると感じている度合いを測る質問は，以下の6つです。

　①クラスの人からすごいなといわれることがありますか。

　②失敗したときにクラスの人ははげましてくれますか。

　③あなたの気持ちを分かってくれる人がいますか。

　④何かしようとする時クラスの人は協力してくれますか。

　⑤クラスには色々なことに進んで取り組む人がいますか。

　⑥友だちはあなたの話を聞いてくれますか。

　こちらから見て活躍しているのに，承認得点が低い子どもは，「自分の気持ちを分かってくれる人がいない」「話を聞いてもらっていない」と感じている場合が多いです。

　また，自分の学級の子どもに「認められたと感じるのはどんなときですか」というアンケートを取ったとき，①発表できたとき，②ほめられたとき，③話を聞いてもらったときで一番選ばれたのは「話を聞いてもらったとき」だったのです。この調査をして，低学年の子どもは先生がほめることで承認得点が上がりやすいけれど，高学年の子どもはほめても承認得点が上がりにくい，という理由が分かりました。

　高学年の子どもは，友達関係の中で承認感を得ているのです。だから，お互いに話を聞き合う活動，聞き合える関係づくり，聞き合う授業展開を意図して行っていくことが，学級満足度を上げていくのです。

**これで突破！**

・目立つ活動に効果を感じなくなったら，学級づくりを見直す

# 1 学級経営を見せるには

参観で認め合う活動を見せる

## 学習参観では学習だけでなく学級経営も見てもらおう

### 困った場面

**Q** 2学期最後の参観日で，学習面だけでなく，学級経営でがんばってきたことを見せられたらいいと思っています。どんな活動をすると，あたたかい学級の雰囲気が伝わるでしょうか。

**A** 担任が大切にしてきたことは，保護者にも見て理解してほしいですね。学級懇談会などで話をするよりも，子どもたちの姿で見せることができたら，一番いいです。

　見せたい姿は，どの子どもも認められ，安心して活動できる学級の様子だとします。保護者の目線に立てば，自分の子どもが認められ，安心して学校生活を行っていることが分かり，活躍する場面がある授業となります。

　以前私も，このような授業をしたいと考えたことがあり，参観日に行ったら保護者に好評でした。その授業とは，道徳の副読本に載っていた，自分や友達を漢字一文字で表すという活動を参考に，自分の学級に合わせてアレンジしたものです。

　全員が認められるように，友達に対して使う漢字はマイナスの印象でないものにすることや，グループで話し合う場面をつくることなど，参考にする授業があったとしても，自分の大事にしてきたことに合わせて，授業をアレンジすると，自分の学級らしい授業をつくることができるように思います。

**成功のポイント**　保護者と協力体制を築く「参観日」

| 活動 | 配慮事項 |
|---|---|
| ①隣の席の仲間を漢字一文字で表す。<br>　・白いＡ４の用紙を配る。<br>　・仲間をイメージする漢字を考え書く。<br>　・文字の色もその人に合った色で書く。<br>②紙の裏に隣の人の名前と，その漢字を選んだ理由を鉛筆で書く。<br>③漢字を書いた紙を先生が集める。<br>④一枚ずつ，漢字を見せ，誰をイメージした漢字かを考える。<br>　・グループで机を合わせる。<br>　・相談してホワイトボードに答えを書く。その人だと思った理由を書く。<br>⑤全員出し終わったら，漢字を書いた人が，相手にその漢字を選んだ理由を伝えながら，漢字を手渡す。 | ・悪い印象の漢字は使わない。<br>・いいところを考え，漢字を決める。<br>・クイズにすることを伝える。<br>・仲間の好きなことや得意なことなどをよく思い出すように声を掛ける。<br>・なぜその漢字からその仲間をイメージしたのか，プラスの理由で説明するよう促す。<br><br>・お互いにその漢字をイメージした理由を伝え合う。<br>・感想をまとめる。 |

　漢字が書かれた紙を黒板に貼り，「これは誰でしょう」と聞きます。子どもたちはグループごとに答えを考え，「〇〇さんだと思います。理由は，いつも明るくて黄色い明という字がぴったりだからです」など発表します。この答えが合っていても外れていても，言われた本人は嬉しいです。保護者はその様子を見て「結構正解するものですね。お互いのよさを理解しているんですね」「うちの子，あんな印象なんですね」など感想を伝えてくれました。

**これで突破！**
・自分の学級で大事にしてきたことをアピールできる活動を見せる

11～12月

## 2 子どもをほめても喜ばれない ときは 保護者の願いを理解する

**ほめて悲しまれることもある!?**
**保護者の願いに寄り添いつつ子どものよさを伝える**

### 困った場面

**Q** 自主的に清掃をする姿などをいいと思って保護者に伝えたら，残念そうな顔をして，「人が嫌がる仕事をいつも引き受けてしまう性格なんです」と言われてしまいました。

**A** 保護者の願いが，必ずしも担任の願いと合っているとは限りません。上記の困った場面のように，保護者は小さい頃から人が嫌がる仕事を引き受けてしまって自分のやりたいことを言えない子どもを心配している場合もあります。その場合，自分のやりたいことを言ったり自分の意思で行動したりする姿を伝えた方が，保護者は安心することになります。

そのように，保護者の願いを理解して話すことは大切です。「こんな様子が見られました」「できるようになってきました」と具体的な姿を伝え安心してもらいましょう。

しかし，それだけで話を終える必要はありません。保護者の願いと多少違っていても，「こんなことができるなんて，立派です。〇〇さんはこれをやり遂げてこんなことを言っていたんですよ」と保護者を説得するくらい担任が子どもを認めていいと思います。具体的なエピソードを示しながら，保護者に子どものよさを伝えます。そして，そのことで身につけた力や，発揮しているその子どもよさは，保護者が望むような他の場面でも発揮できることを伝えればいいのです。

**成功のポイント** 保護者と協力体制を築く「子どもをほめる場面」

　保護者は子どもを心配するのが常なので，担任が何かをほめても，「でもこんなところが心配です」「そうですか？　もっとこうなってほしいんですけど……」などと言ってくるでしょう。そうしたら，保護者の思うような姿も見られることを伝えた上で，保護者が心配している面を担任が思ういい姿にリフレーミングして伝えることが必要です。

| 担任 | 保護者 |
|---|---|
| 友達に合わせて遠慮する。わがままを言わず周りに合わせられる。 | 小さい頃から，人が嫌がる仕事を引き受けてしまう。 |
| 誰とでも仲良くしている。協調性があり，うまく行動できる。 | 友達に合わせて遠慮する。自分の意見を言えるようになって欲しい。 |
| リーダーに立候補できる。全体のことを考えて努力できる。 | 小さい頃から目立ちたがり屋。友達にも強引なところがあって心配。 |
| クラブ活動で生き生きしている。ここで身につけた粘り強さは必ず学習でも生かせる。 | もっと勉強してほしい。成績が落ちたら部活をやめさせたい。 |

　このように，保護者が心配な点として挙げたことも，「そうですよね」と受け取らずに，担任としてはよい見方で伝えます。そうした上で，

---

　一つのよさは，その他の場面でも生かせる

---

ことを伝えます。そうすることで保護者も，子どもががんばっていることを変えさせるのではなく，応援しようという気持ちをもつことができます。

**これで突破！**
- 保護者の願いを受け止めた上で，自信をもって子どものよさを伝えよう

# **3** マイナス面を伝えるときは

困っているのは子どもととらえる

**悪いところを伝えるのは何のため？**
**保護者を苦しめる面談なら意味がない**

## 困った場面

**Q** 生活態度に問題がある子どもがいて，保護者に学校での様子を伝えたいと思うでのすが，どんな言い方をしたらよいでしょう。

**A** 子どもに問題点があり，保護者に伝える場合，伝える目的は何なのかをはっきりとさせる必要があると思います。伝える目的をはっきりさせずに話をすると，単に悪いところを伝えて，保護者が子どもを叱るだけの結果となります。高学年の子どもたちだと，それで態度がよくなるというよりは，親に言いつけた担任に反発し，態度がさらに悪くなることも考えられるのです。

　保護者に伝える目的は，保護者と担任で子どもの状態を把握し，いい方向へ導くためだと思います。担任が「困った」と感じて，保護者が「申し訳ない」と担任に謝り，子どもに「明日からちゃんとしなさい！」と怒ることを求めているわけではないはずです。

　保護者と協力体制を築くためには，まずは困っているのは教師ではなく，子どもや保護者だというスタンスで話をすることです。「最近，学習に集中できていない様子で心配しています。何か，気になることや変化はありませんか」「イライラして友達に乱暴な言動をしてしまいます。イライラの原因が何か分かれば私も力になりたいと思うのですが」このように，子どもが困っていて，担任はそれを解決したいから保護者に相談したという立場になって話をすると，保護者と前向きな話ができるようになります。

**成功のポイント**　保護者と協力体制を築く「マイナス面を伝える」

**×教師が「困った」と思って話す会話の循環**

| 解釈 | 教師：子どもが授業中に離席し，教室から出ていくこともあって困る。 |
|---|---|

| 報告 | 教師：こんな状態です。ご家庭でも話してみてください。 |
|---|---|

| 謝罪 | 保護者：申し訳ありません。家でもしっかり注意します。 |
|---|---|

| 注意 | 保護者：ちゃんと授業受けてないんだって？　しっかりしなさい！ |
|---|---|

| 反発 | 子ども：先生も親もうるさい！　だれも分かってくれない。 |
|---|---|

**○子どもが「困っている」と思って話す会話の循環**

| 解釈 | 教師：授業に集中できず，教室にもいられないことがあり心配。 |
|---|---|

| 相談 | 教師：何かご家族の方から見て思い当たることはありますか。 |
|---|---|

| 相談 | 保護者：家庭学習をしなくなった。仲のいい友達もいないようです。 |
|---|---|

| 協力 | 教師：学校でも彼の心配や不満を聞いてみます。 |
|---|---|

| 支援 | 教師：最近何かあった？　様子が変だと思って気にしていたよ。 |
|---|---|

11〜12月

**これで突破！**

・困っている子どもを支援したいというスタンスで話そう！

149

## 4 保護者に相談を受けたら

不安に共感し，不満に共感しない

**不安な気持ちは共感的に聞きながら，
友達や学校に対する不満には安易に同意するなかれ**

**困った場面**

**Q** 子ども同士の関係で保護者から相談を受けました。相手のお子さんのことを聞かれたり文句を言われたりすると，返答に困ってしまいます。

**A** 子どもが家庭で何か友達関係の不満を話した場合，「そうかそうか，なかなか友達関係も大変だね。明日また笑顔で挨拶してみなよ」などと大らかに受け止めてくださると，子どもも安心して心が落ち着くのですが，そんなゆったりと構えるには保護者にも相当な心のゆとりが必要です。

　子どもの話を聞いて，保護者も不安になり，保護者同士のつながりも薄く直接相談できないとなると，学校にその不安を訴えてくるのは仕方のないことです。何かあるとすぐに学校に電話を掛けてくる保護者もたくさんいますが，決してクレーマーなどではなく，不安なのです。

　そんなときは，「それは心配されましたね。そうだったんですね」と気持ちに寄り添いながらよく話を聞くことが，まずは必要です。

　しかし，注意しなければならないのは，文句や不満に共感的に返事をしないことです。「先生もそう言っていた」「先生は誰の味方」などと受け止められることがあるからです。「心配されましたね。子どもたちが納得いくように，すぐに時間をかけてお互いの気持ちを伝え合う時間を取りたいと思います。○○さんの気持ちがスッキリできるように，私からも話を聞きますね」と教師として誠実に対応する姿勢を示しましょう。

**成功のポイント** 保護者と協力体制を築く「相談を受けたとき」

　保護者とのつながりは難しく，話し易い保護者とだけ仲のいい印象を与えると他の保護者の信頼を失います。注意しなければならないのは，トラブルが起きたときです。「先生は，誰の味方」と思われた場合に，教師への信頼は大きく崩れます。個人的な相談を受けた場合，心配な気持ちにはよく共感して話を聞きながら，誰かへの文句や不満に対し「そうですよね」などと安易に答えないよう注意して対応しましょう。

**共感的理解を示していい事柄**

・こんなことがあったんです。　→そうだったんですか。大変でしたね。

・家で泣いています。　　　　　→つらかったですよね。

・こんなことが心配です。　　　→そうですよね。心配されて当然です。

・怒りに対し……。　　　　　　→お母さんもそんなお子さんの姿を見てつ
　　　　　　　　　　　　　　　　らかったですよね。申し訳ありません。

**同意してはいけない事柄**

・昔からあの子は乱暴で，困っているんですよ。
　　　　　　　→以前も同じようなことがあったのですか？
　　　　　　　お互いが気持ちよく過ごせるように努めていきます。

・あの子が言うと誰も反対できなくて，みんな我慢しているみたいですよ。
　　　　　　　→リーダー性のある子は，正しいリーダーシップを学び他
　　　　　　　のみんなも意見を言える場をつくる必要がありますね。
　　　　　　　お子さんの気持ちを教えていただいて助かりました。

**これで突破！**
・不満や文句には同意せず，どのような対応をとるかを誠実に伝える

11〜12月

# ミシンの授業は
# 学級状態のバロメーター？

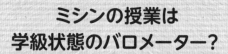

　人間関係をつくりながら，たくさんのトラブルを乗り越えた1学期，そして協力しながらたくさんの行事を経験した2学期。2学期が終わる頃には，学級の雰囲気に担任のそれまでの学級経営が色濃く反映されるようになります。

　私は人間関係づくりを大切に学級経営を行い，この時期には，どの子どもも居場所のある学級になっていることを望んでいます。これは，「クラスの全員が大好き！」などということではなく（そんな人間関係はありえません。）学習活動で，どの子も仲間に受け入れられ，安心して活動できる学級状態という意味です。

　その状態がとてもよく表れるのは，ミシンの授業ではないかと思います。家庭科でいくつかの学級で授業に入らせていただいたとき，同じ授業でも，子どもたちの反応が違っていて驚きました。

　ミシンはどの学校でも一人一台はないと思います。数名が一台を使います。そのときに，仲の良い子と一緒にやりたいと言うクラス，座席のまま自然に活動に入れるクラス，糸の掛け方を聞き合いながらできるクラス，「先生教えて」と言って，「隣ができているから聞いてごらん？」「え……先生教えてください」と誰にも聞くことができないクラスなどがあります。協働ができるクラスは教え合ってだいたい終わらせることができるのに対し，協働に慣れていないクラスでは，まったく作業が進まない子と，終わってしまった子で大きく時間差ができてしまいます。

　自分の学級の人間関係をチェックしようと思ったら，アンケートよりも，ミシン授業をチェックしてみるといいかもしれません。

# 第6章

# 次年度への助走！
# 新体制でも
# 生かせる力にしていこう

**1～3月**

## **1** 委員会活動で力を生かすには

変化を起こす活動を

> たくさんの経験を本物の力にするために
> 身についた力を使う機会を設けよう！

### 困った場面

**Q** 行事のたび，いろいろなことに努力して，成長してきたのは間違いないのですが，行事のときだけの力で終わらせたくないと思います。

**A** 本当に力が身につくということは，何かで使った力を他でも発揮できるということだと思います。漢字の力が本当に身についている子は，漢字テストのときだけでなく，日頃からその漢字を使うでしょうし，保健体育で学習した内容が本当に身についた子は，普段の生活習慣が健康を意識したものに変わるでしょう。

それと同じで，高学年になって日常活動や行事のたびに身につけた，高学年らしいリーダーシップや企画力，協調性や話し合う力は，それを自分たちで使えるようになってこそ，本当に身についたと言えるのです。

ですから，それらの力を試す場が必要です。そこで，自分たちで企画したことを実行可能な委員会活動を活用します。

委員会活動の仕事は，毎年同じ企画を繰り返していることが多いです。そこで，「自分たちはこれをした！」というものを残そうと提案します。

> 変わったね！　新しいね！

と言われることを一つでもいいので考えて実行します。その自分たちで考えて実行したことが，自信につながり，次の行動を引き出していきます。

**成功のポイント** 育った力を本物にする「変化を起こす活動」

　委員会活動というのは，子ども発信の活動ではありますが，その内容は毎年似たようなことであることが多いです。運営委員会が児童会祭りの運営をしたり，環境委員会が花壇の整備を行ったり，放送委員会が昼の放送を行ったりする大きな活動は決まっています。また，○○委員会はこれをやる委員会，と1～4年生までに見てきたことを踏襲しますから，新しさを取り入れるということは子どもにとって難しいのです。

　そこで，一つでもいいから新しさを取り入れて，変化を起こそうと呼びかけます。高学年を盛り上げるために「レボリューション」とか「この学年が歴史を変える！」とか学年全体でキャッチフレーズがあると意識が向きやすくなります。

　小さくとも新しい変化を起こした場合，子どもたちは「あれやったよな」といつまでも覚えています。それは，やったこと自体が思い出になっているわけではなく，自分たちで企画して全体に影響力を及ぼしたという自信です。この思いが，力の自覚となり，他でもその力を使っていこうとする原動力です。

　「廊下警察24時やったよなー。あの制服引き継いでくれるかなー」

　「放送劇やったよねー。声優みたいで好評だったよね！」

　「お残しあきまへん DAY やったよねー。あれで牛乳飲めるようになったよ」

というように，ほんの少しの変化でいいのです。子どもが考えて実行する場があることが大切です。

**これで突破！**
- 自分たちで考えて実行する場をつくり，他で使った力を生かす

1〜3月

## 2 学級の企画で力を生かすには

全校を巻き込むイベントを

---

**学級イベントに全校を巻き込む視点を。
いいと思ったことを発信していく立場に立つ**

---

**困った場面**

**Q** 学級のイベントで，自分たちが楽しんでいるだけでなく，他の学年ともかかわるイベントをしたいと思っています。

**A** 学級づくりを進めてきて，学級で全員が楽しむイベントができるようになったら，今度は全校を巻き込むイベントを企画するとよいです。子どもたちは，

①自分たちが楽しい。
②他の人も楽しませたい。
③他の人が楽しんでくれて嬉しい。
④他の人たちが楽しむ企画を成功させた自分たちって結構すごい。

と考えを進化させていくでしょう。自分たちが全員で楽しむために必要としてきた能力を全校を楽しませるために使っていくということです。

　そのように，自分たちの中だけで使ってうまくいくようになったことが，他の場面で使えることに意味があります。他の場面でも使えて初めて，本当に身についたと言えるからです。

　自分たちの慣れた環境を飛び越えて，他の場面で自分たちの力が発揮されたとき，子どもたちは自信をもち，その経験は，この学級が終わったあとも使える力として身につきます。

**成功のポイント** 育った力を本物にする「全校を巻き込むイベント」

　イベントの計画では，参加者みんなが楽しめるように話し合って決めることや，勝敗に関して責めたり文句を言ったりしないことなど，基本のルールはすでに身についていることとします。

　他の学年のみんなが楽しめるように遊びの内容を決めます。そして，みんなでイベントを楽しむためのルールを発信します。自分たちがいいと思ったことは，今度は発信して広げていくよう声を掛けます。

　イベントの内容は，自分たちが楽しいと思うことを一緒にやる内容，自分たちができることを教えてあげる内容，自分たちに挑戦してもらう内容などが考えられます。

#### 一緒に楽しむ内容

・一緒にドッジボールをしよう。5・6年生は左手で参加します。

・かるた大会をします。みんな来てください。

・学年混合チームでリレーをしよう。

#### 教えてあげる内容

・割れにくいしゃぼん玉をつくって遊ぼう！

・折紙でしゅりけんをつくろう！

#### 挑戦してもらう内容

・6年生に腕相撲でチャレンジ。誰でもかかってこい！

・にらめっこで対決しよう。5年生を笑わせに来てください！

#### これで突破！

・自分たちが楽しかったことや大事だと思うルールを広げる立場になる

# 1 学んだことを活用するなら

合科的に進める

**どの教科でもまとめの時期，
復習やまとめ新聞づくりばかりではつまらない**

### 困った場面

**Q** どの教科でも学習のまとめの時期になりました。今まで学習したことを生かして今年度のまとめを行いたいと思います。意欲的に取り組めるいい方法はありますか。

**A** どの教科でも同じようなまとめをするようなら，いくつかの教科の力を使いながら大きなまとめ活動を組んでもいいと思います。

例えば，国語2時間，算数1時間，社会1時間，図工1時間を使った計5単位時間を使って，一つのまとめ活動をするのです。

テーマは「今年度のビッグニュース〜学習を駆使してまとめよう〜」というのはどうでしょうか。

個人でもグループ活動でもよいと思います。まとめをする際の条件として，教科の学習を生かすことを課します。

どんな既習事項を活用すればよいか，子どもたちが意識しやすいように，活動を始める前に，評価項目を配り，自己評価できるようにするとよいです。そうすると，条件を満たしたまとめになっているかどうか，確認しながら進めることができます。

また，そのように評価項目を出しておくことで，完成したまとめを評価する際に教師も各教科での評価がしやすくなります。

**成功のポイント** 学習のまとめをどうする「活用」

　例えばこんなまとめ活動はどうでしょう。合科的であり，活動後は各教科での評価をすることも可能です。

| 今年度のビッグニュース〜学習を駆使してまとめよう〜<br>チェック項目 | A | B | C |
|---|---|---|---|
| ①新聞やニュースで聞いた社会問題についての内容が入っている。（社会） | | | |
| ②クラスのみんなからデータを集めたり，インタビューをしたりした情報を載せる。（国語） | | | |
| ③読み手をひきつけるタイトルや見出し，分かりやすい文章構成を工夫する。（国語） | | | |
| ④資料や自分で調べたデータから，グラフを作成して載せる。（算数） | | | |
| ⑤示したい情報に適したグラフを選び，数値を正しく表現している。（算数） | | | |
| ⑥効果的な挿絵を入れたり，タイトルの書き方をデザインしたりする。（図工） | | | |

　このように，最初に評価されることが示されて学習を進めていくことで，まとめを進めながら，足りない部分を付け足し，既習事項を駆使しながら内容を高める姿が期待できます。

**これで突破！**
- いろいろな力を駆使して行うまとめ活動で，学力を活用しよう

1〜3月

## 2　学んだことを発信するなら

プレゼンをする

---

**考えをまとめないと人前で話せない。**
**プレゼンをすると考えをまとめる必然性が生まれる**

---

### 困った場面

**Q** 今年度の総合的な学習の時間では，キャリア教育としてたくさんの職場見学や職業体験をしてきました。この活動を発信したいのですが，どのような形で行うか迷っています。

**A** 総合的な学習の時間に行ったたくさんの体験活動を発信したいのなら，ホームページや新聞を考えるかもしれません。それもよいですが，聞き手に直接伝える，プレゼンを行うことをお勧めします。

　プレゼンをするよさは，プレゼンの準備や練習をするために，調べたりまとめたり，ぼんやりしていることをはっきりさせたりする必然性が生まれることです。

　プレゼンする内容は，総合的な学習の時間での学びや，道徳での学び，校外学習での学びなど，子どもが活動を紹介したい，伝えたいという意欲をもちやすいものがよいと思います。発信することが決まったら，どんな方法でプレゼンを行うかを選択します。

　プレゼンというと，スクリーンにパワーポイントで作成した画像を映して説明するイメージをもつかもしれませんが，子どもが考えをまとめて発信する方法は，ポスターセッションや紙芝居形式の方が合っている場合もあります。デジタルソフトにこだわらず，いろいろな選択肢を示し，作成しやすく発表しやすいものを選ぶといいです。

## 成功のポイント✍ 学習のまとめをどうする「発信」

　経験したことや学んだことを発信する方法として，ホームページでの発信や壁新聞を掲示しての発信も考えられますが，これらとプレゼンの大きな違いは，声に出して話すかどうかです。この違いは大きいです。

　ホームページや壁新聞は，写真や図などの資料とともに，文章も載ります。ですから読み手は何度も読み，理解することができます。また，作り手も，何度も推敲して文章を書くことが可能です。

　しかし，プレゼンでは，話して伝えますから，自分の頭の中で情報は整理されている必要があります。さらに，制限時間があれば，その時間に合うように，情報が多ければ取捨選択し，情報が少なければ仕入れてこなければいけません。

　そのように，発信したい内容について，優先順位を決めながらしっかりとまとめる必然性があるところが，ホームページや新聞をつくるのとは違う，プレゼンを行う価値だと思います。

　それだけの準備を行った上で，話し方の練習を始めます。声の小さい子どもはいると思いますが，準備をしっかりとしてあれば，おどおどすることや，話せないで泣いてしまうようなことは，ないと思います。

　こうしてしっかりと準備をした上でのプレゼンの発表は，子どもの大きな自信になります。相手の反応が目に見えるからです。拍手をもらえたり，その場で感想を伝えてもらえたりもします。それは，成功体験となり，また何かを発信しようという意欲につながるでしょう。それも，ホームページとは違ったプレゼンのよさです。

### 👆これで突破！
- プレゼンを行うには，考えをまとめる必然性がある

**1〜3月**

**3** 学んだことを追究するなら

レポートを作成する

**価値ある活動もまとめないと消えていく。
「楽しかった」で終わらせないためのレポートを**

**困った場面**

**Q** いろいろと活動させてきましたが，どれだけ子どもたちが深く考えて，どんな学びが残っているのか，わかりません。
先輩の先生から，「活動あって学びなし」はダメだと言われています。

**A** 一人一人の学びや気付きは，言語化しないと分かりません。それは，子ども本人もはっきりと分かっていないことが多いです。それが，「活動あって学びなし」という状態です。

先生はいろいろと気付いてほしいことがあってたくさんの価値ある体験を計画すると思います。そして子どもたちは体験したときは驚きや感動を感じます。しかし，それをそのままにしておくと，ぼんやりとしたその感覚は「すごかった」「楽しかった」という言葉で思い出に残るだけです。

学びを個の中に残すためには，そこから得たものは何なのか，この体験にどんな意味があったのかを振り返り，言語化してまとめる作業が必要です。

そのような個の追究を引き出すために役にたった言葉は，

「これらのことから，」

です。事実や感想を書いた後に，「これらのことから，」と続けさせ，自分の所見を書くことを繰り返します。子どもたちはだんだんと，事実と感想の他に，自分が得た学びを書けるようになっていきました。

**成功のポイント** 学習のまとめをどうする「追究」

　論理的思考を促す言葉は他にもあって，考えを引き出すために役立ちます。『みんなと学ぶ 小学校 算数』（学校図書）には，考えをまとめるときに使うと便利な言葉として，学年相応の言葉が紹介されています。レポートを作成する際に参考になると思います。

『みんなと学ぶ 小学校 算数 5年』（学校図書）より

> 「もし，〜だったら，……です。」 予想するときに使います。
> 「なぜならば，〜」 結論を述べて，理由を説明するときに使います。
> 「たとえば，〜」 一般的なことを具体的に表すときに使います。

『みんなと学ぶ 小学校 算数 6年』（学校図書）より

> 「おそらく，〜だろう。」 資料や意見をもとに予想・想像するとき使います。
> 「まず〜，次に〜，最後に〜。」 順序立てて説明するとき使います。
> 「したがって，〜である。」 理由を述べてわかったことを書くとき使います。

　また，「これらのことから，」を使って，子どもの追究を促した例として，5年生の総合的な学習の時間で，地域の伝統文化に携わる方々について調べたときのことを紹介します。ある5年生は，いくつかの見学のことについてまとめた後に，「これらのことから，いろいろな伝統文化を守って仕事をしている人がいたが，みんなその文化を好きで誇りをもって守っていることが分かった。私も自分の好きな気持ちを大切にしていこうと思った。」と書きました。

　個の中にどんな学びがあったのか，表すことができました。

**これで突破！**
・考えを引き出す言葉を使って，子どもに追究を促そう

1〜3月

163

# 4 学んだことを振り返るなら

感謝の会を開く

**お世話になった人に目を向けて,
自分たちにできることを考える高学年に**

### 困った場面

**Q** 最後の学習参観では,保護者の皆さんに感謝の会を開くことを計画しました。親子で1年の成長を振り返る機会にしたいと思います。どんな内容がよいか悩んでいます。

**A** 感謝の会を開くことのよさは,自分以外の周りの人に目が向くことです。かかわった人たちの気持ちや子どもたちへの願いなどを考える機会となります。

まず,感謝の会を開くことを提案し,1年間にどんな人のお世話になったか,家族の支えも含めてよく思い出します。そして,その人たちはなぜ自分たちのことを支えてくれているのかよく考えます。すると,

> 自分たちの成長を願って支えてくれている

ことに気付くでしょう。そして,かかわった人たちの願いを知り,どんなことが感謝を伝えることになるのかを考えます。すると,

> 自分たちの成長を見せることが感謝を伝えることになる

と気が付くのではないでしょうか。

このように感謝の会の意味をよく考えた上で,子どもたちが内容を考えるとよいです。1年間を振り返り,どんな方法で自分たちの成長を伝えるかを考えることができると思います。

**成功のポイント**　学習のまとめをどうする「振り返り」

**1年間を振り返る，充実した感謝の会を計画する流れ** ‥‥‥‥‥‥‥‥‥

| 活動の流れ | 留意事項 |
|---|---|
| ①自分たちの生活や学習で，お世話になっている人，お世話になった人を思い出す。 | ・校外学習の場所，登下校，家庭など具体的に場面を思い出し，普段意識しないことに目を向ける。 |
| ②お世話になった人たちは，どんな気持ちで自分たちにかかわってくれているのかを考える。 | ・仕事ではなく，ボランティアでかかわってくださる人，家族などの気持ちを想像する。 |
| ③お世話になった人は，自分たちに何をしてもらうと嬉しいのかを考える。 | ・学んだことを伝えたり，成長した姿を見せたりすることで喜んでもらえることに気付く。 |
| ④感謝の会で自分たちにできることを考える。 | ・伝えたい学びや成長がいくつか出てきたら，内容ごとのグループに分かれて計画を進める。 |
| ⑤自分たちの学びや成長をまとめ，感謝を伝える方法を工夫して計画し，準備をする。 | ・伝える方法は，学びの発表だけでなく，劇，学びを生かしたものづくりなど，工夫できるよう促す。 |
| ⑥感謝の会を開き，発表したり，仲間の発表を聞いたりしながらお世話になった人とかかわる。 | ・グループごとの発表や招待した保護者や地域の方とのかかわりを通して，感じたことをまとめる。 |

**これで突破！**

・かかわった人たちに，自分たちの1年間の成長を伝える場をつくる

## **1 自分の成長に気付くには**

今より過去に目を向ける

**こんなことができた自分を知り,
こんなことができそうな自分に期待する!**

### 困った場面

**Q** ほめられても素直な反応を示さない子どもや,「どうせ私なんて」と言うのがくせのような子どももいます。一人一人が自信をもってほしいと思います。

**A** 以前担任した6年生の子どもで,アンケートの「自分にはいいところがある。」という項目で,マイナスの評価をつけた子どもがいまいした。私はその子どもを呼んで,「私から見ると,あなたにはいいところがたくさんあると思うけど,自分では,いいところがないと感じるのかな?」と問い掛けました。

すると彼女は,「えー,だって自分で自分のこといいことがあるとか言うのって,ナルシストっぽくないですか?」と答えました。なるほど,思春期の子どもらしい考えです。

一部の子どもは,「自分に自信をもつ」というと「自信家」のようなイメージをもち,「自分の好きなところは」などといえば「ナルシスト」っぽく聞こえるのかもしれません。

自信をもつというのは,なにも自信家になるということではなく,自分のことを知り,認めるということです。自分の努力を認めることや,小さくとも自分の成長を自覚することです。

上記のように,自分を見つめることを避ける子どももいます。じっくりと自分を見つめる時間を取れるように,手立てを講じましょう。

**成功のポイント** 未来へのエネルギーを高める「自分の成長の自覚」

①いろいろな部分を意識するために，人間の形を描いた紙を配ります。成長したところやできるようになったことを探します。例を示しながら，できるだけたくさん書きます。

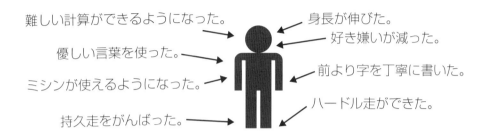

難しい計算ができるようになった。

優しい言葉を使った。

ミシンが使えるようになった。

持久走をがんばった。

身長が伸びた。

好き嫌いが減った。

前より字を丁寧に書いた。

ハードル走ができた。

②春の頃の自分を思い出せるカードや作文，行事の写真，ノートなどを用意し，変化を見つけます。「成長をできるだけたくさん見つけてみよう」と声を掛けます。今の自分だけ見て「いいところを見つける」というと，素直に言えない子どもも，自分の変化なら見つけやすいです。

③週に一度でいいので，自分ががんばれたことを文章に書きます。ノートでも原稿用紙でもいいですが，そこに担任の教師から返事を書きます。「こんなことをがんばったんだね！」と認めるコメントが効果的です。私は金曜日に書いて，月曜日に返すことを繰り返していました。認めていくと，子どもは自分のことを詳しく書くようになっていきます。

**これで突破！**
・成長を自覚するには今より過去を，結果より努力に目を向ける

1〜3月

## 2 ▶ 互いのよさを伝えるには

全員が伝えてもらえる保障をする

---

**いいからほめるのではなく，
ほめるところを見つけるのです！**

---

### 困った場面

**Q** 友達のよかったことを見つけたらカードに書いて，自由に貼れる場所をつくりました。よい行動がたくさん掲示板に貼られたらいいと思ったのですが，多く貼られる人と少ない人がいて，嫌な感じがしています。

**A** 自由に書かせると，人気のある子どもや目立つ子どもばかり貼られることになったり，仲のいい友達同士で書き合ったりすることになりがちです。まして1枚も貼られない子どもがいたら，その掲示板で傷ついている子どもがいると思います。

　このような認め合い活動では，よい行動を認めて，その行動が増えていったり書いてもらった子どもの自信につながったりすることが目的です。全員が登場することを保障する配慮が必須です。

　また，うまくいくポイントは，このカードの書かせ方の視点を変えることにあります。

---

・いいことを見たら書くのではなく，いい部分を見つけて書く。
・いい子を育てるのではなく，いいことを見つける目を育てる。

---

　視点を変えると，「仲間のよさを見つけて，書きましょう」「お互いのよさをこんなに見つけられたね」と声掛けが変わります。そうすると子どもたちの取り組む姿勢も変わります。

**成功のポイント** 未来へのエネルギーを高める「互いのよさを伝える」

　この本の中にも，いくつかの認め合い活動を載せてきました。ここでは，その他の活動を紹介していきます。

## 誰でしょうクイズ

　①はがきくらいの大きさの紙を全員に配ります。

　②紙に自分の名前を書かせ，先生が集めます。

　③紙をシャッフルして再度全員に配ります。

　④自分以外の名前が書かれた紙が手元に届きます。

　⑤その人のよいところ，得意なことなどプラスのことを3つ書きます。

　⑥紙を集めます。

　⑦書いてある3つのことを読み上げ，誰のことを書いた紙かを当てます。

## 付箋でありがとう

　①全員に，グループの人数分の付箋を配ります。

　②自分のグループのメンバーに感謝の気持ちやほめ言葉を書きます。

　　（一人のことを一枚の付箋に書きます。）

　③全員が書き終わったら，書いた付箋を一人一人読みながら渡します。

　④グループの全員から付箋がもらえます。

　⑤上質紙などに付箋を貼ってもち帰れるようにします。

　このような取り組みを行うと，日頃仲間に伝えないことでも，言うことができるよさがあります。もちろん，可能なら直接言い合ってもかまいません。

**これで突破！**

・仲のいい友達のよさだけでなく，教室の仲間みんなのよさに目を向ける

1〜3月

## 3 このクラスでよかったと思うには

仲間であることに誇りをもつ

> **みんなでいるからがんばれた。**
> **みんなでがんばれたこのクラスが最高！**

### 困った場面

**Q** いろいろ苦労もしましたが，学年の最後はやっぱりみんな笑顔で，このクラスでよかったと思って欲しいです。

**A** 「この学級でよかった」そう思えるには，集団の中で葛藤し，成長していることが必要です。かかわりの少ない集団でなら「この学級でよかった」と思うことはないからです。

ですから，いろんな問題や課題を乗り越えようと必死で取り組んできた先生と子どもたちは，もう充分に「よかった」と思える要素は揃っています。

その上で，もうひと押しするのであれば，

### この仲間であることに誇りをもつ

ことです。

そのために先生は，子どもたちの1年を価値付けてあげてください。「私は，あのとき嬉しかった！」「あの日は感動したなあ」「あのとき喧嘩をして，みんなが真剣に考えたことに価値があったと思うよ！」「私はみんなを誇りに思うよ！」など，成功も失敗も含めてこのクラスの担任でよかったと伝えます。

最後のひと押しは，感情をぶつけることだったりします。先生が「よかった！」と思う気持ちを伝えてください。そうすることで，子どもはこの仲間と過ごした価値を感じ「よかった！」と思うことができると思います。

声掛けが変わります。そうすると子どもたちの取り組む姿勢も変わります。

**成功のポイント** 　**未来へのエネルギーを高める「このクラスでよかった」**

　生徒指導提要（平成22年文部科学省）の最後の章に，このような文章が出てきます。

> 　社会の形成者として求められるいま一つの資質・能力は，自己と社会を学ぶことです。自分自身についての自己理解を図ることは大切なことですが，これらを他者とのかかわり，集団とのかかわり，社会や地域とのかかわり，自然や崇高なものとのかかわりなどのなかで理解していくことによって，自己と社会とのつながり（ソーシャル・ボンド）が育まれていきます。（中略）
>
> 　こうした学びを通じて，自己肯定感や社会的な有用感，学習意欲など，学びに向き合う力が培われ，確かな学力へと結び付いていきます。

　子どもたちが，社会の形成者として必要な資質・能力は，こうしてはっきりと明記されています。そして，他者や集団とのかかわりの中で自己理解を図る必要性も述べられています。そうすることで，自己肯定感や学習意欲が培われるということも。

　ここまでの69の突破術では，それをより具体的な，教室での場面を想定して，例に挙げながら紹介してきました。教室で起こる様々な課題は，子どもたちが社会の形成者になるために必要なかかわりです。これが，塾でもなく，通信教育でもなく，学校で学ぶことの意味ではないでしょうか。

　さて，もうすぐこの学年もおしまいです。担任した子どもたちに届くのは，きれいな言葉でもなく，形式的なほめ言葉でもなく，一緒に過ごしてきた先生の生の声です。

　先生は，どんな言葉で子どもたちとの1年間を価値付けますか？

**これで突破！**
- 一緒に過ごした先生が，自分の言葉で，この1年を価値付けよう！

1〜3月

# 4　学年末で時間がない！

準備30分で最高の学活

> **思い出を振り返りメッセージを伝える。**
> **宝物をもって羽ばたこう！**

## 困った場面

**Q** いよいよ最終日が近づいてきましたが，通知表や要録に追われて，最終日の学級活動まで準備する余裕がありません。バタバタと終わらずに，しっかりとまとめたいと思うのですが。

**A** 学年末が近付くと，学級事務が山のようにあり，期限もあり，本当に忙しい時期ですね。そんな中，最後に子どもたちに手渡すために，一人一人にメッセージを書いたカードを用意したり，今年度の写真をDVDに焼いたり，思い出のスライドをつくったり，色紙に毛筆でその子に送る漢字を全員分書いたりしている教師もいて，本当にすごいなぁと尊敬します。

　ですが上記の困った場面のように，時間がなかなかつくれない，アイディアも浮かばない，といったときの突破術ですので，ここでは何かを作成する必要がない最終日の贈り物を紹介しようと思います。

　では，その贈り物とは何かというと「思い出」や「身についたこと」です。私は，子どもたちに「お金や物はなくなるけど，身についたことは一生なくならない宝物だ」という話をしています。今年度身につけてきたことを使って思い出を振り返り，教師の一番伝えたいことを伝えるという学級活動です。

　教師の準備は問題を考えるだけです。子どもたちはグループになってホワイトボードを囲んで答えを考えます。教師が一番伝えたいことを，最終問題に用意してください。

**成功のポイント** 　**未来へのエネルギーを高める「最後の学活」**

「○年○組修了試験の始まりです！」

「グループで机を合わせ，ホワイトボードを用意してください」

「第1問。今年の運動会で優勝したのは何組でしょうか」

「第2問。修学旅行の夕飯のメニューはなあに？」

「第3問。水泳大会で，ゴーグルを忘れてきたのは，だあれ？」

※たまにマニアックな問題も入れながら思い出を振り返っていきます。子どももだんだんと懐かしさに浸り，笑いも起き，盛り上がっていきます。

「第7問。先生がよく言っていたことからの問題です。話を聞いていた人は，分かりますね?!　ルールは何を守るためにあるでしょう？」

※この答えは，私のクラスでは「自分」です。このように，後半の問題から教師が伝えたいことを問題にしていきます。

「最終問題です。これが分かれば私はもうなにも心配いりません！　岡田先生が，みんなに一番言いたいことは『○○を大切に』です。何でしょう？」

※この答えも私のクラスでは，「自分」です。言い続けたことなので，どのグループも正解します。そして，

「先生本当に嬉しい！　それができるなら，どこに行っても心配ないね！これからも自分を大切にするんだよ！　応援しているよ！」

と締めくくります。

※問題は教師の一番言いたいことで用意してください。正解させる自信がない場合は，1週間前から教師が強調して言うようにすれば，きっと答えてくれるはずです。最後の学活が，いい時間となりますように！

**これで突破！**

・準備はホワイトボードとマーカーだけ。1年間の思い出や，教師が言い続けてきたことを，クイズ形式で振り返ろう！

# こんな働き方改革，どうですか？

　小学生の保護者の中には，まだ下に小さい妹や弟がいる方も多く，行事の際に小さい子を連れていらっしゃる方をよく見かけます。だっこにおんぶ，泣くのをあやしながらの行事への参加。本当に大変だなぁと思います。

　小学生なると，食事やトイレは自分でできますから，少しは楽になりますが，友達関係や勉強でお子さんを心配するという意味では，苦労は絶えません。ですが，高学年になり，中学生になる頃には，親と遊ぶことも少なくなり，すっかり手を離れて，楽になって少し寂しいなんていう話も聞きます。

　教師の仕事も同じではないでしょうか。

　春の頃は，ルールづくりや習慣づけに必死になり，忙しくて目が回りますが，だんだんと身についてくると一つ一つ指示する手間はなくなります。しかし，仲間とのかかわりが増えてきた6月頃から，喧嘩などのトラブルが増え，気は休まらないかもしれません。ところが，2学期後半から3学期になると，自分たちで解決できるようになってきて，すっかり教師の手を離れ，なんだか寂しいくらい自立してくる。そして晴れやかな表情で最後は卒業していくのです。

　成長に付き合うとは，そういうことだと思います。最後には手を離れていくことが大切なのです。学級経営をしっかりと考え，手を掛けていると，だんだんと教師の出番は減っていきます。子どもが成長するからです。

　「教師の仕事は大変」という通説が，まかり通っている世の中かもしれません。でもちょっとまってください。学級をしっかりと育てていくと，担任はどんどん楽になっていくはずです。これ，本当です。

　どうですか，ちょっと真剣に学級経営を学んでみませんか？

## 【著者紹介】

**赤坂　真二**（あかさか　しんじ）

1965年新潟県生まれ。上越教育大学教職大学院教授。学校心理士。19年間の小学校勤務では，アドラー心理学的アプローチの学級経営に取り組み，子どものやる気と自信を高める学級づくりについて実証的な研究を進めてきた。2008年4月から，即戦力となる若手教師の育成，主に小中学校現職教師の再教育にかかわりながら，講演や執筆を行う。『最高の学級づくりパーフェクトガイド』(2018)，『資質・能力を育てる問題解決型学級経営』(2018)，『アドラー心理学で変わる学級経営　勇気づけのクラスづくり』(2019，以上明治図書）ほか，著書・編著書多数。

**岡田　順子**（おかだ　じゅんこ）

1975年新潟県生まれ。上越教育大学教職大学院修了。新潟県公立小学校教諭を経て，2019年度から新潟大学教育学部附属長岡小学校に勤務。授業と生徒指導の一体化を目指し研究を進めている。共著に『信頼感で子どもとつながる学級づくり』(2016)，『教室がアクティブになる学級システム』(2017，いずれも明治図書）などがある。

〔本文イラスト〕原田知香

クラスを最高の笑顔にする！
学級経営365日　困った時の突破術　高学年編

2020年3月初版第1刷刊　　©著　者　赤　坂　真　二
　　　　　　　　　　　　　　　　　　岡　田　順　子
　　　　　　　　　　　　発行者　藤　原　光　政
　　　　　　　　　　　　発行所　明治図書出版株式会社
　　　　　　　　　　　　http://www.meijitosho.co.jp
　　　　　　　　　　　　（企画）及川　誠（校正）杉浦佐和子
　　　　　　　　　　　　〒114-0023　東京都北区滝野川7-46-1
　　　　　　　　　　　　振替00160-5-151318　電話03(5907)6703
　　　　　　　　　　　　ご注文窓口　電話03(5907)6668

＊検印省略　　　　　　組版所　株式会社木元省美堂

本書の無断コピーは，著作権・出版権にふれます。ご注意ください。

Printed in Japan　　　　　　　ISBN978-4-18-342329-0
もれなくクーポンがもらえる！読者アンケートはこちらから